钓鱼高手

占家智　羊　茜　占羊庆潇　编著

中原出版传媒集团
大地传媒
河南科学技术出版社

图书在版编目（CIP）数据

钓鱼高手 /占家智，羊茜，占羊庆潇编著. —郑州：河南科学技术出版社，2016.2（2024.7重印）

ISBN 978-7-5349-8053-4

Ⅰ.①钓… Ⅱ.①占… ②羊… ③占… Ⅲ.①钓鱼（文娱活动）-基本知识 Ⅳ.①G897

中国版本图书馆CIP数据核字（2015）第307934号

出版发行：河南科学技术出版社

地址：郑州市郑东新区祥盛街27号　邮编：450016

电话：（0371）65737028　65788613

网址：www.hnstp.cn

责任编辑：申卫娟

责任校对：张娇娇

封面设计：苏　真

责任印制：张　巍

印　　刷：三河市腾飞印务有限公司

经　　销：全国新华书店

幅面尺寸：170 mm×240 mm　　印张：10.75　　字数：178千字

版　　次：2016年2月第1版　　2024年7月第7次印刷

定　　价：45.00元

如发现印、装质量问题，影响阅读，请与出版社联系并调换。

晨钓

占家智

月落星稀天欲晓，娇妻稚子梦中笑。
呼朋唤友结伴行，垂纶锻炼身体好。
精选钓点巧做窝，抽竿安漂快上饵，
蓦见漂动心欢喜，竿起金鳞跃水跳！

序

钓鱼是世界各地、各民族、各阶层人们所喜爱的一项娱乐性体育活动，国际上于 1952 年 2 月 22 日在罗马成立了国际钓鱼运动联合会（CIPS），它是一个具有奥林匹克精神的国际体育组织。

渔猎是远古人类最早的谋生手段之一。古代神话中传说伏羲氏时代，用结绳为网来捕鱼和用钩来钓鱼。无论是猿人阶段的原始社会，还是新石器时代的母系社会，绝大多数的穴居或村落，都选址在近山靠水的地方，方便从事渔猎生产。在距今 40 万 ~50 万年的猿人遗址存物中，就曾发现有各种鱼类的遗骨。

最早的钓鱼方式十分原始。人们用锋利的石片，把动物的皮、筋割制成条，或直接用动物肠子，将一端放入水中，招引鱼类来吞食，待鱼吞食进一段以后，再猛拉上提，鱼便被拉出水面。后来，人类改用植物纤维搓成绳索来钓鱼，这是人类垂钓活动中最早的钓线。

为了提高钓鱼效果，人们发明了最早的鱼钩——“钩卡”。最初，钩卡是用兽骨磨成两头尖的直骨针，中间有一个凹槽，钓线就拴在凹槽内。钩卡穿上钓饵，鱼吞食饵料后，骨钩卡横卡在鱼嘴中，适时提线便可钓获。在铜、铁器出现以后，鱼钩才用金属制造。

千百年来，垂钓一直作为一种高尚的娱乐、体育活动，在不同层次的人群中经久不衰，逐步发展。古代著名的政治家、军事家和文学家中不少都是钓鱼爱好者，比如姜尚、韩信、曹操、韩愈、柳宗元、苏轼、陆游等都为后人留下了垂钓的轶事趣闻和许多优美诗句。老一辈革命家陈毅、贺龙、罗瑞卿、王震、邓小平以及许多科学家、文艺名人也是钓鱼爱好者，在河北秦皇岛的黄金海岸上就有我国改革开放总设计师邓小平的钓鱼处。

国家体委根据广大群众的心愿和垂钓的体育、娱乐特点，在 1983 年 9 月 8 日正式成立中国钓鱼协会，这标志着我国几千年来由民众自发的垂钓活动，进入了作为一项体育运动项目，有组织、有计划地蓬勃开展的新阶段。

占家智

2014 年 12 月

前言

钓鱼是一项有益、有趣、斗智斗勇的体育活动。钓鱼对象是鱼，而鱼在水中是游动的，影响水体变化的自然环境条件，如水温、气温、气压、风向、风力、光照、节气变化及地域、水质等都会影响鱼的行为。因此，钓友不但要认识和掌握自然环境对鱼产生的影响，还要掌握各种各样的钓鱼技巧，逐渐成为钓鱼高手。

随着钓鱼运动的蓬勃发展，广大爱好者需要一本更实用、更科学的钓鱼书籍。为此，笔者邀请多位钓友，共同编写了这本钓鱼书籍。本书重点从提高垂钓成功率的角度入手，多角度、多方位地阐述垂钓的技艺、技巧。主要内容有各种钓具的结构、选择和应用，投竿、提竿用力的大小，投竿的准确度，饵料的运用，提竿时机的掌握，上鱼时遛鱼、抄鱼运作的合理性，各种鱼的特性与垂钓技巧等。

本书是着眼于钓鱼者为进一步提高钓鱼技巧，进一步使用和购置各种先进的钓具而编写的，内容丰富，文字精练，图片众多，即用笔者在日常垂钓生涯中积累的图片来说明问题，一目了然，具有强烈的视觉感受。

在各位钓友的支持下，我们做了大量的工作，参阅了部分资料，终于写出这本内容齐全、分量充足、技术先进的钓鱼书籍，当然，可能还有许多不成熟的地方，望各位钓友能提供更多的帮助，对本书不足的地方提出批评、建议，以期再版时改正。在此表示诚挚的谢意！同时对各位提供帮助的钓友和专家表示衷心的感谢！

编者

2014 年 11 月

目 录

第一章　钓具

“工欲善其事，必先利其器”。要想垂钓有较大收获，必须在钓具上下功夫。钓具是垂钓必不可少的工具，它可以使垂钓者运用不同的垂钓方法，充分发挥技能，享受垂钓的乐趣。而钓具的日臻完善，又在不断地促进钓法的改进，并使更多、更新的钓法成为可能。因此，要想多钓鱼、钓大鱼，就必须充分了解和认识钓具，熟悉它们的性能，熟练地使用它们。

第一节　钓竿

鱼竿是垂钓爱好者的首要工具。鱼竿是组合、连接钓线、鱼钩、鱼坠和鱼漂的中心构件。同时，它与投甩、收线、放线又有直接关联，所以鱼竿的优劣对钓鱼效果至关重要。

一、钓竿应具备的条件

图 1.1　弹性好的钓竿

1. 钓竿应具备弹性好、韧性强的条件。如果钓竿僵硬、毫无弹性，垂钓者就很难利用钓竿的弹性使钓钩钩牢鱼嘴；当上钩后的鱼奋力挣脱时，钓竿的弹性和韧性还可起到缓冲作用，避免断线或钩豁鱼嘴使其逃脱。垂钓者甩竿下钩时，钓竿的弹性可减小钓饵入水的振动，避免水中鱼群受惊游离窝区（图 1.1）。

2. 钓竿要具备防水性和坚固性。钓竿短时间遇水要求不膨胀、不变形，同时钓竿要有一定的坚固性。

3. 钓竿要求竿直、重量轻。竿直，容易掌握平衡，便于操作、观察和携带；竿轻，垂钓不累人。一位优秀的钓手，大多备有好几副规格不同、质地各异的钓竿。

二、钓竿质量的检查

1. 竿体要求。

（1）竿体：要求笔直、光滑、匀称，竹制钓竿不应有虫眼、裂纹和烤焦的痕迹。接口处的缠线要均匀、牢固，竿壁厚度均匀（图 1.2）。

图 1.2 钓竿展开后要笔直、光滑、匀称

（2）插口：插口壁厚薄是否一致，插口的横断面是否平整，是反映插节竿质量好坏的一个重要依据。检查插口的方法，是将上节缓慢地插入下节，此过程中不能有忽松忽紧的现象，应该是越插越紧。插紧后接口处不能出现晃动，拔出各节时真空吸力越大，发出“啵”的清脆声，说明上下插接得越紧密。

（3）插接量：是指插节竿上节插入下节的长度。各节应该由上至下逐渐增加插接量，一般首节（竿梢）的插接量不小于 6 厘米。

（4）搭接口：指拔节竿节与节之间衔接的部位。3.6 米长的手竿，其竿梢和二节的搭口一般在 4 厘米以上，二、三节在 5 厘米左右，三、四节在 6 厘米上下。搭口过短，容易造成拔节和断裂。

（5）上下口：拔节竿每节的上端为上口，下端为下口。上、下口的壁厚相同，横断面平整，插紧内节后，外节同内节处于紧密接触，这都是确保质量和耐用性的重要之处。

2. 受力要求。整根钓竿受力后，各节受力应均匀，呈自然弯曲状态。

建议钓友在选购手竿时，可将钓竿各节拉直，在竿尖端系一根绳加力下坠，看各节竿受力是否均匀。如某节出现弯曲角度过大，说明整个钓竿受力不均。也可将各节竿相插连接为一整体后，在竿尖顶端系上 2 米左右长的钓线，扣上一个 250 克左右的重物，慢慢将竿提起，使重物离地 0.5 米左右，如果竿体弯曲自然，说明竿体受力均匀、弹性好。再将举着重物的竿体缓缓旋转 180° ，若整个竿体受力均匀、没有异变，则说明整个钓竿性能良好；也可用手轻轻张开竿梢来检查钓竿的受力情况（图 1.3）。

图 1.3 检查受力情况

3. 检查方法。

（1）看：拿到钓竿后，旋开竿尾部的漏水盖，可看到竿底未上漆的部分呈灰黑色泽，且质地细密，无气泡、颗粒所造成的空隙，用手擦掉上层的灰粒应出现黑色。

（2）听：将耳朵轻轻贴在竿壁旁，用手指轻弹竿身，如果发出一种清脆的金属声，则说明是优质竿；如果声音沉闷，则可能是伪劣产品。

（3）测：测试的方法是选购钓竿的绝招。将万用表拨到 K 字挡（电阻挡），两个测试插头同时搭在竿底未上漆的部位，如表针左右摆动，则为碳素钓竿，否则可能是其他钓竿。

三、钓竿的使用

1. 使用钓竿的常用技巧。

（1）坐姿：指钓鱼时坐在钓箱上或马扎上的姿势，适合于年龄大的老人、儿童和女钓友，当然在竞技钓鲫比赛时，也是坐着完成的。

（2）握竿方式：指持竿的方法。握竿方式有很多种，不正确的握竿方式会影响提竿速度及鱼钩刺鱼的力度，有时甚至造成腕关节或腕部韧带受伤（图 1.4、图 1.5）。

图 1.4 标准坐姿握竿

图 1.5 标准站姿握竿

（3）抛竿方法：指通过双手配合把钓饵抛到预定位置的方法（图 1.6）。根据钓友的经验，抛竿方法有侧抛、荡抛、贴水抛、半抛、满抛、单手抛等几种。

（4）提竿动作：指提竿刺鱼时手腕同手臂形成的特定动作（图 1.7）。

（5）飞鱼动作：中鱼后利用钓竿的弹性，把鱼直接提上岸来（图 1.8）。根据鱼的大小，飞鱼动作又可分为飞小鱼（指 50 克以下的鱼）、飞半大鱼（指 150 克以上的鱼）、飞大鱼（指 250 克以上的鱼）等几种。

2. 手竿的保护措施。在选择钓点时，要注意身后、左右、上空处有无树枝、电线、房屋等障碍物，若能清理的事先清理，不能清理的应尽量避开，否则易将钓竿碰坏或折断（图 1.9）。

抽竿时，应将钓竿大头朝上倾斜，使竿节滑出，抓住第一节后，使钓竿大头向下，然后用手一节一节地向外抽拉。

图 1.6　抛竿方法

图 1.7　提竿动作

图 1.8　飞鱼动作

图 1.9　这样的水域不宜选作钓点

向水域中抛饵钩时，不要用力过大；垂钓时，不要将竿尖浸泡在水中。

鱼咬钩时，切忌猛力扬竿，钓到大鱼时，要特别注意遛鱼方法，切忌生拉硬拽。

垂钓归来，应及时将钓竿卸开，用软毛巾擦去竿体表面的水和泥沙等杂物。用含有植物油的油布将每节轻擦一遍，其内孔也应用油布伸入其中擦拭。擦拭完毕后，将钓竿放入渔具袋，垂直或平放于安全阴凉处，上面不能压重物。

3．手竿握竿。

（1）手心向下的一压四握竿法：手形为手背向上，食指伸直压在竿上，其余四指握住竿柄，并将竿的柄端顶于手心（图 1.10）。

（2）手心向下的二压三握竿法：此法完全同于前式，只是伸出中指和食指压于竿背，使握竿更轻盈。

（3）手心向左（或右）的侧握竿法：握竿时虎口向下，拇指与四指分开，握住竿柄，竿的柄端抵于手心（图 1.11）。

（4）肘压握竿法：这是中长竿的一种握竿方法。握竿的手虎口向下采用侧握竿法，从距竿底端约 30 厘米处握住竿身，起承托作用，而后用整个前臂压在竿的柄端，与竿的前半截起平衡作用，就能将竿平稳地端住（图 1.12）。

（5）双手握竿法：适用于长 7.2 米以上的竿，垂钓时先将竿架在支架上，或抛或扬，均取双手握竿姿势（图 1.13）。

4．手竿抬竿。当鱼咬钩，必须立刻向上抬竿，抬竿时钓竿可以向上、向左、向右或向内扯动。

图 1.10　一压四握竿法

图 1.11　手心向左（或右）的侧握竿法

图 1.12 肘压握竿法

图 1.13 双手握竿法

（1）转动手腕的抖腕：主要是用手腕做正面上下转动或用手腕做侧腕上下转动，对钓各种小型鱼如鲫鱼等最合适。

（2）前臂抖竿：任何一种单手握竿的姿势，均可利用前臂抖竿，即抬竿时手腕不动，以肘关节为轴心，用整个前臂抬竿。

（3）拽竿：抬竿时不是上扬，而是顺着竿的方向将竿向后扯动，采用先拽后上扬的办法，这种拽竿法大都用于钓鲫鱼等小型鱼。

（4）双手抬竿：这也是一种传统钓技，此法多用于 5.4 米以上的长竿。一只手握在距竿柄端 30 厘米处，另一只手握于竿的柄端。

（5）压柄抬竿：适用于 9 米以上的超长手竿。钓手将一只手搭于竿的柄端，以便及时压竿上鱼。

5．海竿使用。

（1）抽拉海竿时，逐节拉开海竿，应先抽竿尖，依次由细到粗，直至全部抽出。

（2）安绕线轮，即将绕线轮安在卡座上，用螺母将其固定死，把绕线轮逆止开关拨向反转位置，拉动线头，钓线即可拉出，再逐个穿过过线圈，直到穿过竿尖过线圈。

（3）把逆止开关拨回正转位置，调整好曳力装置，过紧，则出线阻力过大，遇大鱼时易断线；过松，则出线阻力过小，遇大鱼时出线过快，容易线尽断线。

（4）旋转绕线轮，使饵团离竿尖 30 ~ 40 厘米，再右手握竿于绕线轮处，以中指和无名指夹于绕线轮连接背部，食指第一关节钩住钓线，翻转出线环，将饵钩投向钓点。

（5）待坠子落水后，立即拨回出线环，再摇动绕线轮手柄收线，然后把海竿放在支架上，海竿的仰角（竿身与地面所成的角）应大些，即应陡一些，仰角大小与竿尖反应灵敏度有直接关系。仰角越大，灵敏度越高；反之，则越迟钝。

（6）海竿支好后，随即在竿尖上夹一小铃。或听铃响，或看竿尖。当看到竿尖急剧摆动或铃声大作，即可持竿向后大力扬竿。

（7）饵料入水后，经过 20 ~ 30 分钟仍无反应，这时就应起竿，重新换饵。

6. 海竿握竿。

（1）用旋压式轮的握竿方法：先将轮子朝下，利用手指缝夹住轮脚后再握竿，如果轮子大，为了使食指钩线方便，握轮的手应上移，可将轮脚夹于小指和无名指之间；如果是中小号轮，轮脚夹于中指和无名指之间即可，使食指钩线方便。抛投的方向、距离的远近等皆由前握竿手控制，而后握竿手只起稳固钓竿等辅助作用（图 1.14）。

图 1.14　海竿握竿

（2）用叉齿轮的握竿方法：有不少老钓手仍然喜欢使用叉齿轮，而且大都是配插接式实心玻璃钢竿，使用时有两种握竿方法。

1）外侧轮握竿法：先将轮偏向外侧，食指伸直，靠近轮轴，当作“刹车片”，其余四指紧握竿身。

2）内侧轮握竿法：将轮偏向钓手内侧，改用拇指充当刹车片，其他与 1）相同。

7. 海竿垂钓时判断鱼吞钩饵的技巧。

（1）听铃响：将钩饵抛到钓点后，应把非常松弛的钓线适当收紧，以不使竿尖被拉弯为度，然后在竿尖处夹一个小铃铛。当鱼吞吃钩饵时拉动钓线，扯动竿尖时就摇动小铃发出响声，此时说明鱼已咬钩饵了，应提竿。但有时铃响了两声，收线又没有鱼，这可能是鱼在水中撞了钓线带响了小铃的缘故，也可能是鱼没咬牢钩饵，此时不应提竿。有时大鱼吞下钩饵，向竿架方向游来，小铃响了一下就不响了或小铃干脆就没有响，此时应观察，如钓线出现较大幅度的下垂，即回线，也表示鱼吞钩了，应提竿。

（2）看竿尖：竿尖的动静也是反映鱼吞钩饵的重要标志。当竿尖轻微抖动时，还不足以把小铃摇响，这时往往是鱼刚咬钩饵，不要急于提竿。当竿尖不断点头，这是鱼被钩住了正在拼命挣扎的表现，要迅速提竿。竿尖被拉成了弓形并大幅度地点头，这是大鱼吞饵后已被钩牢，正在拼命逃窜的表现，这时不要急躁，要沉着提竿，以防止断线折竿，并要做好遛鱼的准备；同时备好抄网，准备抄鱼。

（3）看线动：钓线的动态是反映鱼吞钩饵最灵敏的标志。铃没响，竿尖也没动，但出现回线的情况，就说明鱼已吞饵或已被钩住，正在向钓位方向游来。有时铃没响，竿尖也没动，钓线也不太松，但细看钓线在横向移动，这是鱼吞吃了钩饵正横向游动。遇到上述情况，都要及时提竿。

（4）看反应环：在刮风天为减少风力摇竿响铃造成的干扰，钓者常把架竿的角度减小到与水面平行或上扬 20° ~ 30° 。当鱼吞钩饵后向架竿方向游来时，反应环就下垂；当鱼咬钩向远方游去时，反应环就上升，垂度变小。

第二节 钓钩

钓钩是渔具中最重要的，没有钓钩钓鱼就无从谈起。钓钩主要由钩尖、倒刺、钩身和钩柄组成。钓钩种类很多，垂钓者可以针对不同的鱼类及大小、不同的水域、不同的垂钓方法选择不同类型的钓钩，从而提高垂钓效果。

一、钓钩的分类

1. 按钩柄的长短，钓钩可分为长柄钩和短柄钩两大类。

2. 按形状分类，则钓钩有圆形钩、袖形钩、角形钩和混合型钩之分。

3. 按大小来分，钓钩可分为大钩、小钩和大型捕鱼甩钩三类。

4. 按钩的型号分，钓钩可分为鹤嘴形钩、胡弓形钩、袖形钩、环形钩、伊势尼钩、丸袖形钩、龟形钩、丸形钩等。

5. 按钩的颜色分类，钓钩主要有电镀亮色、黑色、金黄色、红色、绿色等。

在垂钓中经常使用的是前三种。

6．按钩上的倒刺分，钓钩可分为倒刺钩和无倒刺钩。

7．按使用方法和不同的名称分，钓钩可分为朝天钩、卧钩、有环钩、连体钩、锚钩、弹簧钩、鹰嘴钩、歪嘴钩、百脚钩、串钩、针钩、海钩、卡子、炸弹钩、袖钩、拟饵钩、毛钩等（图 1.15~ 图 1.19）。

8．按垂钓鱼的种类分，钓钩可分为鲤鱼钩、鲫鱼钩、石斑鱼钩、黑鲷钩、带鱼钩等多种。

图 1.15　卧钩

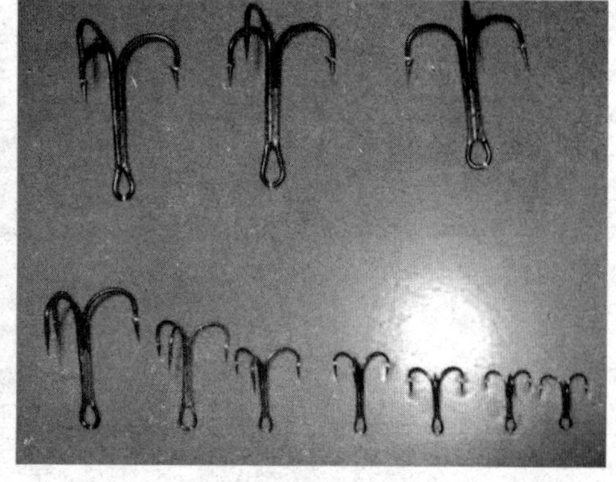

图 1.16　锚钩

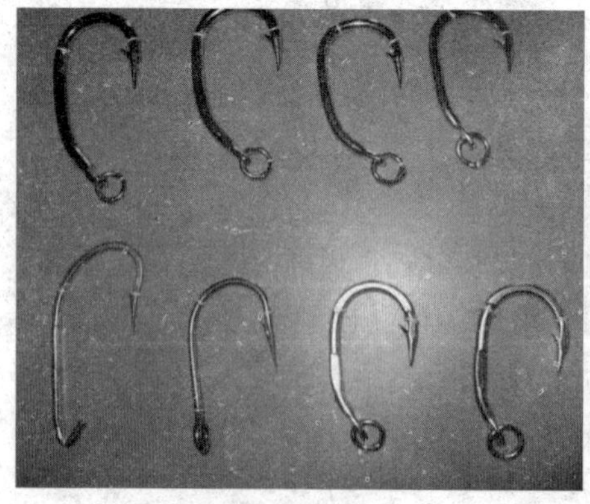

图 1.17　海钩

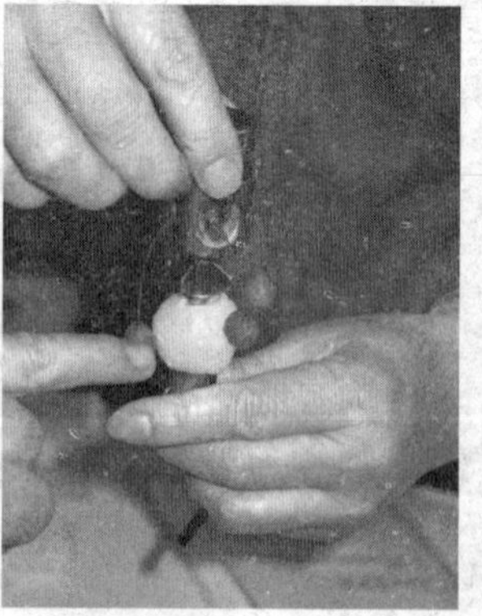

图 1.18　炸弹钩

图 1.19　拟饵钩

二、钓钩的选择

1. 按需选择鱼钩。不同形状的鱼钩，适合钓不同种类的鱼，我们在配备鱼钩时，只有根据水域特点、所钓鱼的品种，做出合理选配，才能如愿以偿。

2. 按鱼的种类选钩。鱼的种类不同，口唇结构也不同，钓钩也不一样。如鲫鱼，口小、唇薄、性温和，宜用小型、钩条细的钩；鲤鱼，口大、唇厚、力大，宜用钩门宽、钩底深、钩条粗的钩等。

3. 按鱼的大小选钩。准备钓大鱼，就不能用小钩；准备钓小鱼，就不能用大钩。

4. 按钓饵种类选钩。钓钩形状与钓饵有密切关系。长把钩，适于装体形细长的钓饵，如蚯蚓、沙蚕、虾等；短把钩，适于装短粗钓饵，如蚂蚱、油葫芦等；若是用面饵、糟食等粮食类钓饵，也宜用短把钩。

5. 按钓具选钩。用手竿钓，宜用钩尖与钩把平行的钓钩；用海竿钓，宜用钩尖内倾、不易脱钩的鹰嘴钩类的钓钩。

三、钓钩的拴法

用于拴钩的线又称脑线（亦称支线、子线）。脑线的粗细要与钓钩的大小、钩条的粗细相匹配，即小钩用细线拴，大钩用粗线拴。

拴钓钩的方法很多，不论采用哪种方法拴钩，都应以将钓钩拴牢为原则。

1. 单钩的拴法。取一条长 20 厘米左右的拴钩线，先将线弯成一圈，然后将圈置于钩柄，在线的一端拴一把钩，将线折回结一个死结，做一个套，在套的端部再结一个死结。

2. 双钩的拴法。取一条拴钩线，在线的两端各拴一把钩，使两钩的脑线一长一短，长短相差 3 ~ 4 厘米，以便垂钓时两钩一高一低，然后，结一死结。

3. 串钩的拴法。串钩一般由 4 ~ 6 只单钩组成，每只钩均匀地按一定距离排列在钓线上。脑线间距离 10 ~ 20 厘米，上一只钩拴的位置到下一只钩之间的距离应大于两条脑线的总长度。这样可减少钩与钩之间的钩挂干扰，拴好后提起。

第三节　钓线

钓鱼用的线，称为钓线，又称渔线，是连接竿与钩的桥梁（图 1.20）。钓线按用途可分为主线和支线两种，按钓线的原材料可分为尼龙线、多股尼龙线、锦纶线、金属线、陶瓷线、碳素线和静电线等多种（图 1.21）。

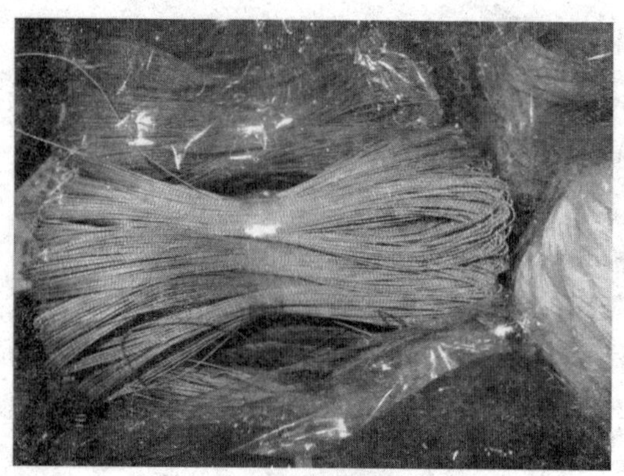
图 1.20　各种钓线

图 1.21　精致钓线

一、钓线的选择

钓线的优劣、粗细、色差，是引诱鱼上钩的主要因素之一。钓线的选择与鱼种、钓法及所用钓竿的硬度都有很大关系，总的原则是：同样的拉力，线宜细不宜粗、宜软不宜硬，色宜浅不宜深。

1. 按经济条件选用。钓线的价格差异很大，进口钓线要比国产钓线贵数倍甚至更多，如经济条件好，可选择进口钓线；经济条件差，则可选择国产的、直径稍大的钓线。

2. 按钓竿选用。钓竿主要分手竿和海竿，前者多钓近水，鱼体较小，用线径较小的钓线；海竿用线要粗些。

3. 延伸率对钓线的影响。尼龙材质的钓线具有一定的延伸性能，钓鱼时受鱼的重力、逃窜力的共同作用，钓线逐渐延伸导致线径变小、长度增加。如果用较粗的线，有时钓到不大的鱼也会发生断线的情况，这里面就含有钓线已发生过度延伸，其拉力大幅度减弱这一因素。因此在选择钓线时，必须把延伸率大小也作为其中一项指标，特别是主线更要重视。最方便有效的选择方法就是选择名牌生产厂家的品牌产品。

4. 线径及色彩。线径的大小，应根据钓竿种类、垂钓季节、垂钓鱼品种及大小、垂钓水域是否宽阔、有无水草等因素选择，原则是宜细不宜粗。在小河沟或池塘垂钓，选用 0.6 ~ 1.5 号尼龙线当作钓线较好；在大的养鱼池或河道、湖、海垂钓，选用 3 ~ 5 号尼龙线较适宜。海钓可选用 20 号以上的尼龙线当作钓线。

钓线的色彩对垂钓也有一定的影响，水质较清的可选用单股透明的尼龙胶线，水质混浊的可选用多色彩线。所以，钓友们如果经济条件允许，可多备几种颜色的线。

5. 按钓技熟练程度选用。钓技熟练，能用细线钓大鱼，可选用细线；钓技不熟练，则应选用粗线，使大鱼难以脱逃。

6. 购买钓线时注意事项。在渔具店购买时需注意以下几点：①钓线的拉伸强度要低于钓竿的承受力，以保护钓竿的完好；②买钓线时，除了看牌子和标号外，还得检测线的直径和强度；③子线的号数要低于母线，一般而言，在选用 1.2 号以内的母线时，子线号数应低于母线 1/2，例如选用 1 号线垂钓鲫鱼，子线则选 0.4 ~ 0.6 号线为宜。在 1.5 号线到 4 号线之间，子线应低于母线 0.5 号。例如母线选 3 号，子线应选 2.5 号。

7. 钓线的长短可根据自己的需要而定。钓大鱼线要长一些，4 ~ 5 米即可。钓一般鲫鱼，钓线长有 2.5 米即够用。

二、钓线的质量鉴别

1. 先凭手感检查线体的平整度、复原性和柔软度。在光亮处观察线体的透明度是否一致。

2. 测线的直径和拉力。

3. 要用手摸、眼看，检查钓线表面有无硬伤和伤痕。

4. 拉一拉钓线，看其弹性如何，有无老化变硬。有伤的、无弹性的及老化的尼龙胶线都不宜选用。可以做个小测试：抻出线头，在 20 厘米处挽一死扣，而后双手猛拽两端，劣质线毫无拉力，可能随手而断。如果是直径 0.3 毫米以上的优质线，一般来说，是拽不断的。如果是细线，亦应具有相应的拉力。

第四节　浮漂

浮漂又称浮子、浮标、鱼标、鱼浮、鱼漂等，质地很轻，具有漂浮作用，穿在渔线上，上下可以移动，但不应自由滑动，可以根据水体的深浅，调节到适当位置，是垂钓活动中用以传递鱼摄食吞钩信息的重要钓具，是一种信号标志。

一、浮漂的种类

1. 按浮漂在水体中的形状分类。

（1）卧漂：平卧在水面，也叫碎漂，这是我国南方经常使用的一种复体鱼漂，蜈蚣漂或七星漂均属此类。卧漂适于风平浪静、近点垂钓或游动式垂钓（图 1.22）。

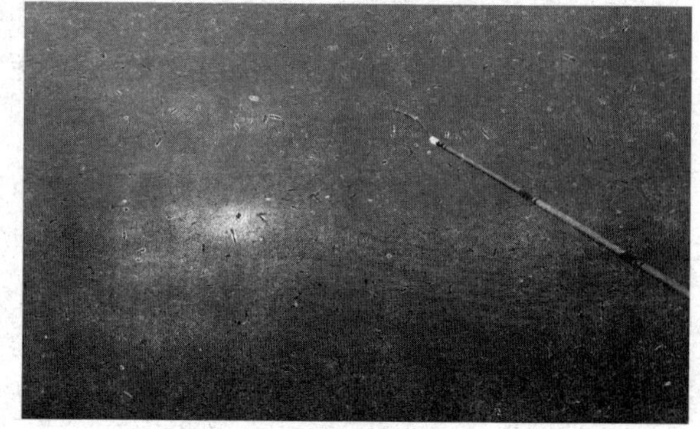

图 1.22　卧漂

（2）立漂：就是垂立在水中的鱼漂。立漂的种类很多，常见的有棒形、锥形、辣椒形、圆形、枣核形、陀螺形、纺锤形（图 1.23、图 1.24）。

（3）“台钓”立漂：“台钓”立漂是目前用于内河、池钓中最先进的浮漂。

图 1.23　立漂

图 1.24　在水中的立漂

它的制作极为考究，采用孔雀羽、轻木制成。“台钓”立漂有三个特点。第一个特点是“台钓”立漂两端细长，中间较粗，形似火箭。由于与铅锤匹配，浮力等于坠力，所以能站立于水面；又因钓线压在水下，不受风浪影响，稳定性非常好。第二个特点是色彩鲜明，其下端黑色，插入插漂管内，上端红、绿、黄、黑间隔清楚，在垂钓中的灵敏度是其他各类立漂无法相比的。第三个特点是用橡胶制成太空豆，以固定插漂管。在垂钓中，尽管频频扬竿，立漂也不会在渔线上滑动，从而不必像使用散子或单子的垂钓者那样需经常调整浮漂。

（4）风漂：形似立漂，但比一般立漂细长。与立漂不同之处在于风漂的根部有 3 ~ 5 厘米长的一截线，线的另一端有一段 3 ~ 5 厘米长的插头，插头上套有小橡皮管。风漂可用于风浪中垂钓（图 1.25）。

2．按浮漂的个数分类。

（1）散子浮漂：又称小浮子。散子取材、制作简便，浮力大，垂钓中反应灵敏，扬竿时水响声小，不会惊走鱼群，为大多数垂钓者喜用。

（2）单子浮漂：就是单个浮漂，目前使用的立漂基本上都是单子浮漂。

3．按不同的形状分类。

（1）球形浮漂：这种浮漂有球形、椭球形和圆柱形（图 1.26）。

（2）线形浮漂：线形浮漂又称蜈蚣漂、多体漂或七星漂，这种浮漂主要用于水草丛生的水域或水底深浅变化大、坑凹多或石块和障碍物较多的池塘垂钓。

（3）其他形状：其他常见的浮漂形状还有流线形、锥形、圆形等。

图 1.25　风漂

图 1.26　球形浮漂

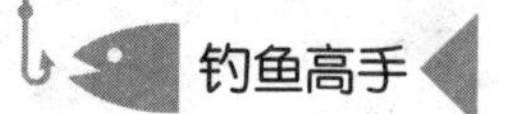

4．根据不同的制作材料分类。

（1）杨木浮：用白杨树枝制成。

（2）鹅毛管浮：用鹅翅膀上的主翼大羽制成。

（3）鹅毛浮：取白鹅翅膀主翼羽的羽梗制成。

（4）鸡毛梗浮：用白公鸡主翼羽的羽梗制成。

（5）彩色塑料浮：泡沫海绵状，10毫米长，两头尖，形如枣核，有红色、白色两种。

（6）白色塑料浮：为15毫米长的圆柱体，两头用线扎紧可以防止滑动。

（7）蒜瓣浮：是用风干后的蒜茎做成的。

（8）孔雀翎漂：最早的孔雀翎漂是用孔雀翎来制作的，由于孔雀越来越珍贵，现在一般不再用孔雀翎制作了，而用其他材料代替。

图 1.27　通草漂

（9）通草漂：用通草制作的漂体，通草漂的浮力最强，规格也最全（图 1.27）。

（10）芦苇漂：用芦苇制成的漂。

（11）乒乓球浮：用细线网络套于乒乓球上，然后系于渔线上，为夜钓用浮。

5．根据颜色分类。鱼漂按颜色可分为单色漂和彩色漂。单色漂有白色、黑色等，彩色漂有红色、黄色等。一般彩色鱼漂尖端多为红色，因为红色最不易散色，目标十分明显。与其相间的分格色，对比度越强越好，比如白色和黑色就非常合适。

6．根据浮漂的尾部是否空心分类，可分为软尾漂和硬尾漂。

7．根据不同的垂钓时间分类。

（1）常规浮漂：就是前面所述的几种，主要用于正常情况下的垂钓。

（2）阴天乐：这是最近才上市的一种漂身绿白相间的漂，俗称“阴天乐”，顾名思义，就是在阴天时显示比较清楚。

（3）夜光浮：在夜钓时会发光，据此可判断鱼是否食钩。

8．根据漂身的长短分类。

（1）长身漂：一种主浮体细而长，漂尾也细而长，漂脚长度适中，专门用于钓底、钓离底、钓深水的浮漂。长身漂又分为长身长尾和长身短尾两种。

（2）短身漂：一种入水后站立快，适合于钓浮的专用浮漂。也有人把它称为枣核漂。

9. 根据造型分类。

（1）短身浮漂：漂身短，浮力大，灵敏度高，多用孔雀翎和巴尔杉木制作，适合于初春、深秋和冬季钓吃口很轻、很小的鱼。

（2）长身短脚浮漂：漂身长，自重大，脚短，重心偏下，所以有翻身快的特点，它的最大特点是稳定性强，能有效抗拒水的横向阻力，适合底钓猾鱼。

（3）瘦身长脚浮漂：专用于密度高、鱼种杂，鲤鱼、鲫鱼、鳊鱼、草鱼、鲢鱼混养池塘中全泳层垂钓。

（4）瘦身短脚浮漂：有信号正确的特性，它被竞技钓手接受，主要是用来钓生口鱼，尤其是第一场比赛必须用它来检验鱼的吃口。

（5）大肚漂：一种漂身短、漂尾长、漂脚短的浮漂，在钓中下层鲫鱼方面具有优势。

（6）急收肩浮漂：也称为钝肩漂，专用于钓吐饵快的猾鱼。

（7）软身漂：目前专指用于钓鲫鱼的去壳孔雀翎浮漂。

（8）硬身漂：指漂身不能弯曲的浮漂。

10. 按浮漂的实用功能分类。

（1）普通漂：也就是常用浮漂。

（2）防小鱼漂：漂身上部稍斜圆，下部亦是稍斜圆至漂脚，这样浮漂下沉时不会太明显，只要有鱼讯就是大鱼。

（3）战斗漂：这是用于竞技钓的最主要浮漂，故名。

（4）水库漂：漂身粗、大、长，可以加速饵料下沉到底，亦可以防止半路被小鱼盗食。

（5）活饵漂：用活虾或活鱼等活饵做成的，以饵代漂。

（6）溪流漂：又叫虾漂，漂身一般采用圆球形，适于溪流垂钓。

（7）鲫鱼漂：专钓鲫鱼的浮漂。

（8）阿波漂：用于海水矶岩处，类似溪流钓法，漂身一般采用圆球形，因为水流较急，漂身不能太细，同时漂底都有自重，但是不会超过浮漂本身的浮力。

（9）水中漂：用于海水矶岩处，沉在水里，漂底都有自重，而且超过浮漂本身的浮力，与阿波漂搭配使用。

（10）阿达利漂：用于海钓，因为用在水流不太急处，漂身较细，而且较长。

（11）助投漂：用于海水矶岩处，顾名思义是助投，所以漂身像子弹，本身也有自重，而且不会超过浮漂本身的浮力。

二、看七星漂反应辨鱼情

常见的七星漂（以浮三沉四底钓、装蚯蚓饵为例）的浮漂信号反应有以下几种：

1. 投竿后，浮漂不下沉，而是向左、右或前方快速移位。这是在上层的草鱼等抢钩，应迅速扬竿。

2. 投竿后，七星漂在应该下沉到浮三颗时，却仍全部漂在水面，且不移位。这是中下层的鱼接住钩饵的信号。处理办法是稍等 2 ~ 3 秒，如浮漂开始慢慢斜移，说明大鱼咬钩；若还是浮着不动，则为小鱼接钩。两种情况都应扬竿。

3. 投竿后，浮漂下沉四颗刚到底，就开始缓慢上升。

（1）上升一两颗漂后即开始斜移下沉，说明鱼儿咬钩。移动速度快的，鱼不大；移位速度越慢，表明咬钩的鱼越大。应待漂下沉二三颗后再扬竿。

（2）慢慢上升二三颗，有时沉入水的四颗漂全浮到水面，但数秒后也不移位、下沉。这是小白鲦、小鳊鱼、鲫鱼的咬钩信号，原则上应等其移位或见到离钩最近的一颗浮漂连续抖动，说明鱼已把饵吞入口中后再扬竿。

（3）浮漂上升一颗即自然下沉，钓者提引一下后仍是如此反应，可能是因天气不正常，鱼儿胃口不佳，或鱼受过惊，胆小不敢吞食。

4. 投竿后，浮漂正常浮水三颗时，发现抖动一下即慢慢下沉，这是大鱼咬钩，应在下沉二三颗漂后扬竿最有把握。若斜移或下沉的速度很快，表明是贪嘴小鱼抢食。

5. 投竿后，浮漂第四颗下沉，浮在水面的三颗先是一直不见动静，后来突然一下全沉入水中，很可能是大鱼在水底觅食时身体擦到渔线，应速扬竿。

第五节　绕线轮

图 1.28　绕线轮

绕线轮是用于储线、放线、收线的，是与海竿、两用竿配套的关键性渔具（图1.28）。绕线轮越来越被广大的钓鱼爱好者重视，尤其是在水面广阔、水体深阔的江、河、湖、库等水域垂钓大型鱼类时，越发显示出绕线轮所具有的优越性。

一、绕线轮的种类

绕线轮按其结构特征，可分为绕线轴转动型和绕线轴不转动型两类。

绕线轴转动型绕线轮结构简单，如叉形齿槽式手拨轮、插装式八卦卷线盘、双轴承绕线轮和单轴承绕线轮等都属于绕线轴转动型绕线轮。旋压式绕线轮和封闭式绕线轮均属于绕线轴不转动型绕线轮。绕线轮有大有小，应该根据需要合理购置。大型号的绕线轮，适合海钓，它的储线量达数百米；而在一般的溪流中甩竿，中、小型号的已足够。绕线轮储线的多少，同钓线的粗细也相关，比如一种国产绕线轮，使用直径0.85毫米渔线时储线85米，改用直径0.40毫米的渔线，储线就有160米长了。

超大型双轴承鼓形绕线轮，其钓力可达80千克以上，主要用于深海船钓百千克以上的大型鱼类，如拖钓鲨鱼、旗鱼、金枪鱼等。

大型、中型和小型双轴承绕线轮，是依垂钓大小不同的鱼和采用不同的钓法而设计的。大型轮主要用于海上船钓和岩礁钓。中型和小型的除可用于海钓外，也适于淡水钓，而小型轮可供在溪流中用毛饵钩抛投钓。

单轴承鼓形绕线轮的缠线轴直径较大，卷线速度快。这种轮的构造较简单，质轻价廉，易于操作，因此颇受垂钓者喜爱。除了大型轮多用于拖钓外，中、小型轮均适于抛投钓。

鼓形绕线轮的不足之处是在抛投时缠线轴的转速往往比出线速度快，若掌握不好就会乱线。

二、绕线轮的选择

绕线轮上的摇柄有固定在左边的，也有固定在右边的，还有能左右互换的，后者左右手均可用。如果遇上前两者，就要选择与自己左右手相适应的轮子。

1. 若垂钓水域中有大鱼，则应选用体积较大、储线较多的绕线轮。

2. 若垂钓水域宽阔，需要远投，也需选用较大的绕线轮。

3. 根据海竿的长短选用，海竿长，宜用大的绕线轮；海竿短，可配用较小的绕线轮。

4. 若用串钩垂钓，选用小号绕线轮即可。

三、绕线轮的使用

正确使用绕线轮是充分发挥绕线轮功能的关键，使用得当才能钓到大鱼且不跑鱼。

1. 拽力拉头（或旋钮）的调整。拽力拉头是钓大鱼时防止跑鱼的关键部件。在抛甩饵钩前，把钓线经导线环拉出，一面用力拉线，一面由强至弱旋拽力拉头（旋钮），把拽力强度调整在钓线拉力以内。拽力装置调整得是否恰当，直接关系到大鱼上钩是否能逃脱，调得过紧，大鱼吞钩后，拉力猛，瞬间放不出线，也会被大鱼挣断钓线而跑鱼；若把拽力装置调得太松，大鱼咬钩后，一提竿就出线，钩不透鱼吻，也会跑鱼。

2. 逆止开关的使用。逆止结构，也就是通常所说的反动结构，是用于控制绕线轮正转或倒转及出线量多少的装置。它平时应拨放在正转位置，只是在出竿穿线时，以及发现钓线绷得过紧需要放松时，才把它拨到反转位置以使绕线轮能倒转，但每次用后必须马上还原至正转位置上，否则拽力装置处于无效状态。

3. 装线。一般需要两人，一人手拿绕线轮，另一人手拿卷线盘，将一短棍穿过中心孔，将线头拴在卷线盘上，结上死扣，摇动手柄，即可将钓线绕在卷线盘上。不论装什么线，都不要装得太满，应略低于储线槽口，以免乱线。

4. 拨线架的使用。拨线架是在抛甩钩饵时，控制出线多少的装置。抛甩钩饵时，先将右手食指钩住钓线，用左手先翻转拨线架后再握住竿柄，双手用力将挂好钩饵的钓线甩出。当铅砣落水后，即拨回拨线架至原来位置。

第六节　辅助工具

一、绕线桄子

绕线桄子又叫绕线框子、绕线板。这是储存钓钩和钓线的器具，多为竹、木制作而成，也有用泡沫塑料制成的（图 1.29）。

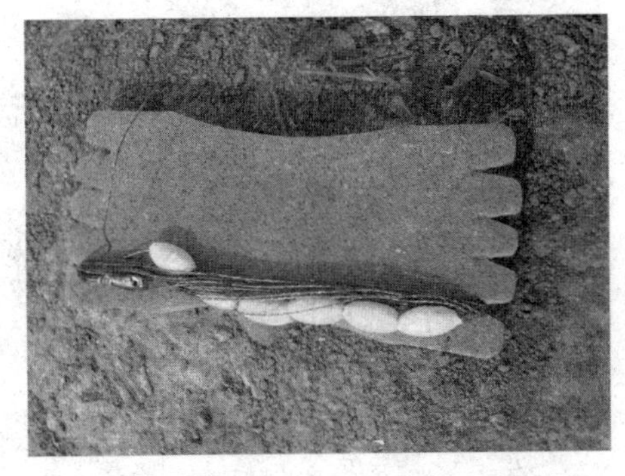
图 1.29　绕线桄子

二、钓竿支架

钓竿支架又叫支竿架，是常用的辅助钓具。休闲垂钓一般有游动式、船钓、站立水中钓和岸边钓等多种形式。比较多的垂钓者，是采用岸边钓，而钓竿架正是专为在岸边垂钓者准备的辅助钓具。由于钓竿的长度、重量不同，垂钓的方法及钓位岸边情况不同等因素，钓竿支架有不同的品种与之相适应。钓竿支架可分为手竿架和海竿架，有竹制横搁式，也有金属制斜插式，还有用玻璃钢及高强度工程塑料制成的。一般手竿架宜稍长，海竿架宜稍短。支架的高矮还要视钓竿的长短而定，一般高度在 0.8 ~ 1.5 米，钓竿越长，支架相应越高。为携带方便，高支架多为多节活动式的（图 1.30、图 1.31）。

支竿架的基本要求主要有：抗风能力强，一般风力不易使之移位；适应性强，一个支竿架应能适应手竿、海竿、长竿、短竿等多种钓竿；轻便灵巧，体积小，便于携带。

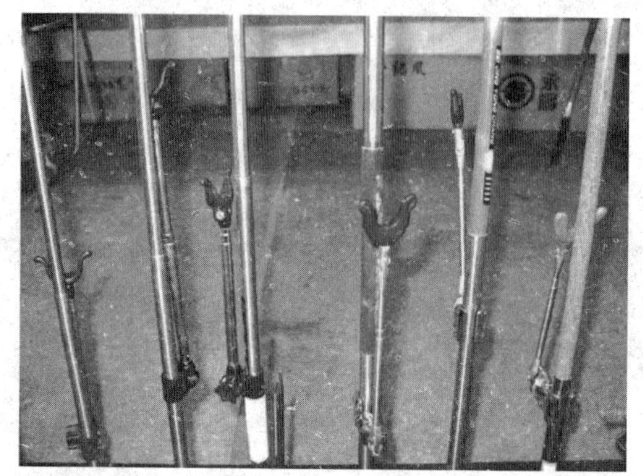

图 1.30　钓竿支架

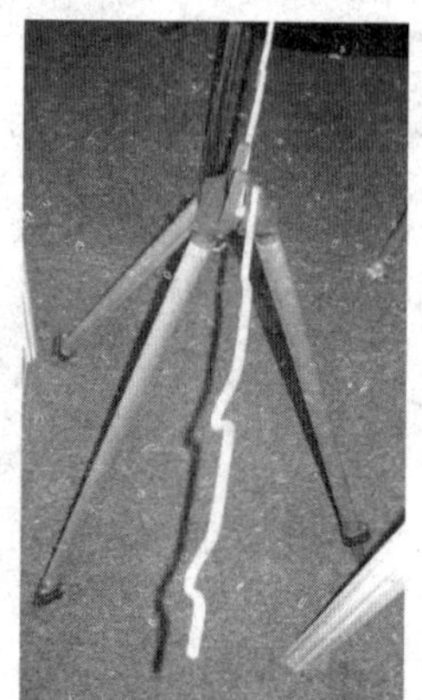

图 1.31　海竿支架

三、抄网

抄网又称海兜、鱼海、捞海、海子，是垂钓者钓到大鱼时，将鱼抄到岸上必不可少的钓鱼辅助工具（图 1.32）。在钓到较大鱼时，拴有普通钓线的鱼竿往往难以处理，要是硬拽，不是断线就是鱼脱钩，严重时还会折竿逃鱼，因此，必须借助辅助钓具帮助把鱼提上岸。抄网网口直径约 40 厘米，网深约 50 厘米；网口与抄柄连接，柄长 2 ~ 3 米。网口有圆形、椭圆形、三角形或梯形多种。台湾钓法用的抄网稍浅，网眼也细，柄能伸缩，携带方便。

图 1.32　抄网

当钓到大鱼时，尽管能把鱼遛到岸边，但如果没有应手的抄网，则很容易在最后关头跑鱼。垂钓高手能将大鱼遛到翻白肚时，再将鱼提到岸上，但这需要较长的时间，且对左右两边的钓手有干扰，还会把自己钓点附近的鱼吓跑，所以还是用抄网较好。

值得注意的是，竞技钓鲫使用的抄网，网口不要过大，直径 30 厘米左右即可；网兜不要过深，否则容易拉断脑线，另外，取摘鱼也费事。抄网全长在 1.8 ~ 2 米最适用。有些抄网把做得很精致但柄太短，遇上水面低的赛场，抄鱼就不方便，影响比赛。

四、鱼护

鱼护又叫养鱼袋，用锦纶线或聚乙烯线编织而成。多以尼龙丝为骨架，尼龙线为网壁，可伸缩收合。如在袋内置几个金属圈，可使其呈方形或圆形。垂钓时把它放在岸边的水中，用绳索牢固地拴在岸边的木桩上，钓到鱼后，将鱼装入袋内，并浸入水中，成活率高。不用时，可将袋收叠。鱼护按其材料，主要有竹制鱼护和尼龙丝鱼护。

竞技钓鲫的鱼护，要求护口大，护长在 2 米上下（确保各种赛场鱼护都能入水），护网眼直径不大于 1 厘米。鱼护的颜色不要太鲜艳，以免惊鱼（图 1.33）。

五、撒饵器

撒饵器又叫投诱饵器、打窝器，撒饵也叫“打窝子”或“打塘子”，就是将诱饵准确地投到水体的某个位置。撒饵要求十分准确而没有声响。所以用手去抛撒很难办到，只有借助工具去实现，这个工具就叫“撒饵器”（图 1.34）。

六、太空豆

太空豆是中间带孔且具有很强弹性的橡胶粒，用自带的细钢丝把主线拉进孔，

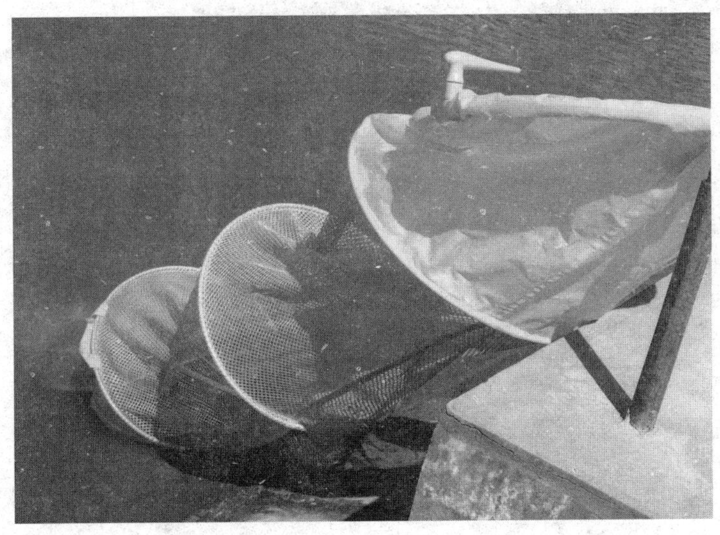

图 1.33　正在装鱼的鱼护

图 1.34　撒饵器

利用其弹性和涩性既能限制插漂座及铅皮座的移动，又能起到改变插漂座及铅皮座位置的作用。为了适用于粗细不同的钓线，太空豆分为不同型号。竞技钓一般使用最紧号最小的太空豆，为了避免鱼的注意，最好不使用彩色的，只使用黑色的（图 1.35）。

图 1.35　太空豆

七、天平

在垂钓时为避免主线、支线和铅坠出现相互缠绕的情况，可用金属丝制成支架，即天平，将主线、支线及铅坠支开，使其处于互不干扰的分离状态。也可用天平调整钩的组合形式，以利于提高垂钓效果。天平按其结构，大体上可分为四种：单天平、双天平、移动天平和甩投天平（图 1.36）。

八、护目镜

护目镜可过滤水面的折射光线，使视觉更清晰，并且可以阻挡 99% 的紫外线，起到保护眼睛的作用，所以护目镜已经成为钓鱼人不可缺少的工具之一（图 1.37）。护目镜主要分四种颜色：烟灰色、青灰色、棕色、黄色。

1. 烟灰色护目镜。是标准的护目镜颜色，春、夏、秋、冬中午时分能够有效地遮挡水面折射光，清晰地看到水面物体，最适合光线刺眼炫目时使用。

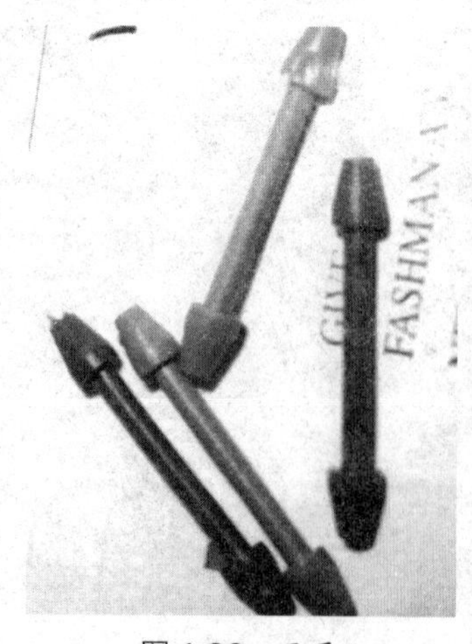

图 1.36　天平

图 1.37　护目镜

2. 青灰色护目镜。在阴雨天最适用，此时观察水中能够获得最自然的色彩。

3. 棕色护目镜。最适合观察深色水和溪流水，比以上两种颜色更能清楚地看清水下情况，包括岩石的分布。

4. 黄色护目镜。能够起到增光、发亮的效果，戴上后感觉视野清楚，早晚、天色昏暗时增光效果极佳，更能看清水中浮漂。

九、钩环

钩环是一件不大的辅助钓具，在休闲垂钓时却非常有用。它是以不锈钢或铜丝制成的小环，所用钢、铜丝的直径为 0.5 毫米。钩环的开口有别针形、菱形、仿弹簧形等。它的用途是连接主线与支线。具体地说，一是将主线与支线连接；二是使用通天活坠时，可把坠挡住，并可在环上拴死坠；三是换食方便。可以准备几副鱼钩，先行装好鱼钩，这样能随时将鱼钩从钩环上取下来、装上去，减少了鱼钩在岸上的时间，从而增加了垂钓的有效时间（图 1.38）。

十、钓鱼箱

钓鱼箱一般长 50 厘米、宽 40 厘米、高 30 厘米，塑料制品。箱内有 10 多格，格有长，有短，有圆，有方，还有转角枢纽，可放台钓的各种渔具、鱼饵及钓鱼帽、靴、衣裤等（遮阳伞和标准竿、支竿架除外）。箱内的放竿格，可放每节短于 50 厘米的袖珍竿两副、袖珍支竿架一副、拔式抄网手柄一副；还有放盛鱼袋、抄网、瓶、

图 1.38 钩环

图 1.39 钓鱼箱

钩、卷线器、线盘、浮漂、砣、剪刀、衣帽、纸笔、本子、眼镜等物品的小格，以及可以转动支起来使用的调食盆、支竿架脚、伞柄架脚等。此外，高级钓鱼箱的最下层还有冰箱，可存放 5 千克鲜活鱼，冰箱旁还设有蓄电池（图 1.39）。

十一、鱼坠与铅皮

鱼坠又叫坠子、铅坠、铅砣、坠砣、锡砣、千斤、铅锤或沉子，多用铅或锡等重金属制成，是垂钓活动不可缺少的辅助钓具之一。铅坠具有多种功能：它能使钓线和钩饵迅速落入水中；用海竿垂钓时，借助铅坠的惯性可将钩饵远远抛到预定的钓点，可使钓线处于拉紧状态，以利传递鱼吞食钩饵的信息；借助铅坠的重量和浮漂配合使钩饵稳定在不同水层深度，便于浮钓或沉钓；用铅坠将底钩钩饵稳定在水底钓点不发生移位，在流水中垂钓时，可固定饵钩不致被水冲走；用铅坠和浮漂配合可测探水深和水底情况；等等。此外，坠子可使水变浑，起到诱鱼的作用。

根据鱼坠使用方法可分为手竿坠、海竿坠、串钩坠、抛砣法重坠。现在钓友所使用的鱼坠，多为条形薄片状卷铅，俗称铅皮，也可用铅质保险丝制作。竞技钓爱好者一般都选用槽宽 1.5 厘米、头粗 3 毫米的黑色塑料铅皮或银灰色铅皮，自己制成，效果较好。

十二、其他辅助钓具

1. 钓鱼包。也叫鱼竿包、钓具袋，有背式、手提式，用帆布或人造革、皮革制成。可将主要渔具和辅助用具皆收入包内，极为方便。

2. 自行车气门芯。使用手竿或海竿垂钓用浮漂时，可在钓线上穿一段长 1.5 ~ 2 厘米的自行车气门芯供固定浮漂和调整钓线长度用。

3. 马扎或小折叠椅。马扎或小折叠椅供垂钓者在岸边坐等鱼上钩时休息用。

4. 钓鱼帽。钓鱼帽的帽檐很长，更利于遮挡阳光。另外多一根帽带，有风时不会把帽子刮跑，有的钓鱼帽上还带有电动的小风扇，方便钓友夏钓时乘凉之用。

5. 小帐篷。在钓场过夜或避雨用。

6. 过线圈。过线圈是由金属镶嵌的陶瓷或金属制成，它固定在海竿的每一节的顶端，以形成过线轨道，供抛线和收线时渔线顺利通过。

7. 其他用品。包括钓筏、蚯蚓盒、夜钓照明灯、马甲、夜视镜等。

第二章 钓点

第一节　钓点的基本知识

一、要准确掌握钓点信息

钓点是指池塘、小型湖泊和某些养鱼河段宜于垂钓的区域和位置。准确掌握钓点信息主要应做好以下几点：

1. 要实地考察。常去郊外水库、沟渠转悠，寻找好钓场。见到大水满塘、好水满沟，便伸竿试钓，一般半小时左右即可摸底；多走走找新发现，只要时间许可，哪怕陌生地，往往走出不远，就会发现新钓点；沿着水塘、河道等地，详细观察两岸钓鱼情况，做个有心的钓友，往往会有意想不到的收获。

2. 和知心钓友交流信息。当几位钓迷碰头时，互通钓况情报，或利用途中相遇或晚上乘凉的机会交流经验，提供信息。

3. 渔具店和钓具摊点也是获得信息的好地方。卖渔具者多是钓迷，一般都掌握有钓情信息，可询问交流。

4. 查阅钓鱼日记。许多老钓友都有写钓鱼日记的好习惯，内容大体包括时间、地点、钓饵、鱼获及经验教训等。所以根据历年钓鱼日记，结合当年水体情况，一般把握性较大。

二、钓点选择

钓点选择包括堤岸选择、钓距选择和投钩点选择。

1. 堤岸选择。首先，看堤岸的地面和空间环境条件，要宽阔平坦、无障碍物。其次，看钓位是否平坦、牢固。钓位是指钓者在垂钓时坐、立和抛竿甩线等活动所用的一小块地方。再次，看岸状，这是选好堤岸以至选好整个钓点的关键。如堤岸呈局部凹角，其前方水底一般都坑洼，呈沟壑状，是鱼类喜欢的聚居之所。尤其在大风大浪天气，凹角处常成为鱼类的“避风港”，可作为较好的钓点（图 2.1）。这种钓点，尤以夏、秋、冬钓为好。堤岸呈局部凸角（钓者常称之为“花尖”），其前方水底一般都隆起，不易成为鱼类的“公共住宅区”，但是常成为鱼类往返频繁的“交通要道”，在近岸处横向游动的鱼也要经过这个水域。这样，钓位前方水域

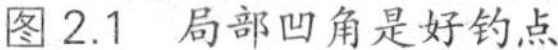

图 2.1 局部凹角是好钓点

图 2.2 花尖也是好钓点

便成了鱼类往返的必经之地，成了好钓点（图 2.2）。常钓鱼的人都以先占“花尖”为快，道理就在于此。这种钓点，以鱼类活动频繁的春、夏、初秋季节为好。

2．钓距选择。钓距的远近，应依季节、时辰和其他条件的变化而灵活掌握。一是可按“春近秋远夏钓中”的要求掌握。鱼类按季节洄游规律，春天游向近岸处，近钓好；夏天常避入较深处，中距离钓好；深秋则归堆于坑潭，而且多为大鱼，所以应“放长线，钓大鱼”。二是可按“早晚钓边午钓远”的要求掌握不同时辰的钓距。鱼类不仅做年洄游，而且还做日洄游。所谓“一日三迁，早晚溜边”，就是反映了鱼类的日洄游现象。鱼类在“早餐”和“晚餐”两个摄食高峰时间里，纷纷游向近岸水区，所以要近钓。但是从上午9时到下午3时之间，一般潜入较深处，所以要远钓。夜间鱼爱到近岸处活动，近钓好。三是风天近钓。风天，尤其是大风大浪天气里岸边草木摇摆激烈，大量昆虫落入水面，吸引鱼类到近岸抢食。

3．投钩点选择。在同一钓位，常有许多同距不同向的投钩点。投钩点选择，一看有无可依傍的水草、木桩、石壁等，二看有无鱼类爱聚集的局部坑洼处，三看水底有无挂碍物（图 2.3）。

图 2.3 水草处是投钩点

哪些地方是适宜的钓点呢？在选择时主要参照以下几点即可：

（1）鱼类觅食之处：也就是说有食物的地方就有鱼，遵循这个原则选钓点，是最有效、最简便的方法。食物是

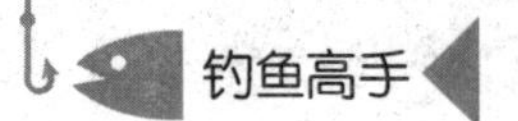

鱼赖以生存的必需条件，所以在水下哪里食物最多，鱼就会往哪里聚集。如在水草丛生处，各种浮游生物较多，这些浮游生物是很多鱼类，如鲫鱼、鲤鱼、鳊鱼等鱼类的美食，也是很多小杂鱼、虾类的饵料；而以鱼、虾为食的肉食性鱼类，如鲶鱼、乌鳢、翘嘴红鲌等鱼类自然也到此处来觅食，这样的地方应是好钓点。水域中鱼饵料富集的地方还有很多，如生活污水流入之处，进水口两侧，水域边的畜禽场、厕所旁等，凡是这些饵料充足的地方，鱼多富集于此处觅食，密度自然会大，这样的地方，自然是钓点的首选。就水下而言，草墩苇根处，水底的乱石、草叶堆积的地方，都是鱼儿觅食之处。养鱼池经常投料的地方，自然是鱼儿聚集的场所。

（2）鱼类的栖息区：水域中的鱼类大都有相对稳定的栖息区，这些地方多是较安全的地方，鱼的密度也较大，自然也是一个好钓点。

（3）含氧丰富的水域：水中含氧丰富的水域，一般也是鱼儿最多、最活跃之处，这些水域无疑也是好钓点。水域中富氧地方，通常是在静水区的入水口周围，由于水的流动，使水中含氧量增多；养鱼池的增氧机旁，氧气也特别充足；刮风时的迎风岸边，风浪可使该处的氧气增多，加之大量浮游生物等饵料也随之被吹到迎风岸边，更使鱼类在此处聚集。

（4）鱼类的洄游通道：鱼类的洄游主要有生殖洄游、索饵洄游和越冬洄游，鱼类在洄游时均会沿着相对固定的路线，也就是所谓的“鱼道”进行。在这条鱼道中，鱼的密度相对较大，自然容易钓到鱼。鱼道一般与水域中的地形有关，如大水库中底部的古河道、水域的狭窄部、堤岸的凸出部等。

（5）水温适宜的地区：鱼属于变温性的动物，它的体温与水温相差1℃左右，因此它们对水温特别敏感。一般可钓的淡水鱼，它们最适宜的水温是20 ~ 30℃，当水温高于或低于这个标准时，它们就会游到最接近这个水温的水体中去。所以选钓点时，钓深还是钓浅，总是依据水温，追着鱼下钩。

第二节　不同水域钓点的选择

一、在池塘中钓点的选择

面积较小的池塘是钓者垂钓最多的地方。自然形成的池塘形状多不规则，而很多精养塘则是人工修整或挖掘而成。

1. 方形池塘钓四角。对于近似于正方形的池塘，各边长基本相同，鱼儿的巡游必经四角，并喜欢在四角停留休息，故四角处应是好钓点。

2. 长形池塘钓中腰。对于长方形池塘，特别是长边比短边要长得多的，鱼儿喜欢在长边来回游弋，而长边的中部即“腰”是鱼儿游弋的必经之地，可选为钓点。

3. 进水渠道。很多池塘都有进入池塘的水道，这些活水带入大量饵料和溶氧，故鱼儿喜在进水渠道旁活动、觅食，故此处鱼儿密度较大，是好钓点。

4. 喂食处。养鱼塘都要定期喂食，而喂食地点又是相对固定的。鱼儿经常到此处觅食，即便没有投食，鱼儿也喜欢到此处停留、徘徊，这里的鱼儿密度也很大，是好钓点。

5. 增氧机处。增氧机旁水域溶氧充足，犹如一个天然障碍物，便于鱼儿隐蔽，所以，在增氧机旁常可钓到大鱼。

二、在水库中钓点的选择

到水库垂钓，选钓点特别重要，因这些地方水大鱼稀，选不好钓点，将一无所获。钓点选择很有讲究，主要考虑以下几点：

1. 湾子。每座水库都有大小不等的湾子，在水库选钓点，有湾就应选湾，无湾就要靠边钓。这些地方往往水草丛生，形成一片茂密的水草区，一般水不很深，饵料丰富，氧气充足，鱼群聚集，水草边缘或草空儿，均是上好钓点。有些湾子，水底全是大小石块，没有水草，某个角落如有枯草、树枝等漂浮杂物，下面的水中也常有鱼窝，同样也可选作钓点。再者岸上的树叶、籽实和昆虫等，被风雨打落，大都在这些地方存留，因此水下的微生物非常丰富，小鱼小虾也爱在这里聚集，引来各种鱼前来捕食，故此处也是下竿的好地方。

2．半岛。水库中有许多大小不同、宽窄各异的半岛伸向水中。在半岛的前沿或两侧，是各种鱼洄游的路线和通道，可将其有利部位选为钓点。

3．暗河。大、中型水库一般横卧于旧河道上，这些旧河道往往是鱼类逆水而上和顺水而下的主要交通线，将钓点选在河底或河床的斜坡上，均能获得理想的效果。

4．淹没的农田和草滩。淹没的农田中有各种豆黍类庄稼，不仅有嫩尖嫩叶可食，还有籽粒充饥及各种昆虫与虫卵，更会吸引鱼群前来寻食。所以，也就成为选点下钩的极好地方。

5．台阶、塄坎。水库因常年蓄排水，时涨时落，再加上风浪的击打冲刷，在岸边留下水侵蚀线，呈多层台阶状态。这些台阶一般都较为平坦，台阶之间是高低不平的塄坎。这些台阶和塄坎一旦淹没水中，都很容易存留一些食物，是鱼儿觅饵寻食和栖身之所。将钓点选在水深 2 ~ 4 米的台阶、塄坎上，不仅可以钓到鲫鱼，而且还能钓到较大的鲤鱼。

6．进水口附近。这些地方一般水都比较浅，又由于不断有新水注入，氧气充足，饵料丰富，是各种鱼都喜欢聚集的地方。垂钓时，将钓点选在进水口附近的缓流之处，或是长有水草的地方最好。

7．谷底。在水库的四周，经常有这样的地形，即两座山、两个山包或两个突出山脖连接，形成夹沟，从而也就成了鱼儿路过和洄游的通道，它们延伸到水中的部分就是一个良好的钓点，在这些夹缝坑洼里，易于聚集腐烂物质，而后滋生出许多水下微生物。另外不少鱼有钻洞觅穴避阳光的习性。如果遇上这样的地形，即是好钓点。

8．网箱周围。水库网箱养鱼时，由于每天有专人向网箱中投饵喂鱼，一些饵料残渣会从网箱底部孔眼漏出，也就成为野鱼的大餐厅，将钩投在网箱附近，往往上鱼率极高。

9．水库陡峭的岸边。只要可以站人，并能支竿操作，就可以垂钓。

10．水库大坝及坝的两侧。大都为石块垒砌，石块之间形成许多空隙，是鱼儿聚集的地方。

11．涨落水口。所有水库的水位，都会有涨有落，只是大水库涨落缓慢，中、小型水库涨落明显，一般而言，如涨水不快，进水不大，可在进水口垂钓。如进水，鱼儿受到惊吓，是不咬钩的。

下钩的好地方。

点；夏季，水库的库汊是优选

建有许多作坊，如豆腐坊、磨坊，

这些残渣垃圾是鱼儿的最好饵料，

都聚集于此，这里也是大

三、在江河

在水流咽喉处，水流狭窄流速大，鱼儿难以停留，而其下游水流平稳，水草较多，浮游生物大量繁衍，是鱼类栖息和觅食的好场所，可选择此处为钓点。大河的洄水湾，水流缓慢，饵料充足，特别是洪水淹没的农田、草地，有充足的饵料，鱼儿来到此处，停留不走，故此处鱼儿密度很大，可选作钓点。

1. 在堤岸凸出部。堤岸凸出部是鱼类游弋的必经之地，是鱼类的通道。若水流较缓，可在凸出部下钩；若流速较大，则要在凸出部下游下钩。

2. 直中选弯处。笔直的大河流，一般不适宜选作钓点。最好选在弯道的内侧，在这里大都有洄流，而且水流平缓，多数鱼都爱在这里游弋。

3. 在水底有锅底坑处。河床中若某处较深，出现锅底坑，这是鱼类喜欢栖息的地方，若附近有不太密集的水草，则鱼会更多，有时会钓到大鱼。

4. 在水下地形复杂处。小河中有些地方，水下地形复杂，如有乱石、桥墩、树桩、沟坎等，这些地方是鱼类的天然隐蔽所，特别是鲶鱼、黄颡鱼、鲤鱼喜在此处藏身，可选为钓点。

5. 在闸门下游的两旁。在小河中往往建有水闸，在水闸下游，水势平稳，饵料较多，是鱼类喜欢的栖息之处，可选作钓点。

6. 在有流水注入处。各种鱼类，均喜欢新鲜活水，因为它夹带了大量残渣、碎屑等丰富的饵料，是鱼类的最好食物，加之溶氧充足，很多鱼类均喜欢在流水处游弋、觅食。小河中夹带而下的鱼儿来到水流交汇处，遇到湍急混浊的洪水，被吓得不敢进入其中，而在水流入口处内侧徘徊游弋。所以，在小河入口处内侧的鱼儿很多，无疑是一个好钓点。

7．河流的深潭附近。在河流的深潭附近，很多鱼儿

鱼出没的地方，故常可钓到大鱼。

第三章 钓饵

第一节 诱饵

一、诱饵的种类

诱饵的种类很多，依形状可分为散饵、黏饵和团饵三种。按施放诱饵的形式可分为固定诱饵和可移动诱饵。按诱饵颗粒的大小可分为颗粒诱饵、粉末诱饵、混合诱饵、合成诱饵、干撒饵、湿撒饵、酿制诱饵、色味诱饵、腥撒饵、蘸饵、光诱饵等多种，但不论哪种诱饵，都是为了诱鱼前来摄食，以达到最好的诱鱼效果。

二、诱饵的使用原则

成功的诱饵，应当是把鱼“诱得来，留得住，钓得着”。诱不来不行，留不住不行，诱来了却不吃钩更不行。

三、诱饵的施用方法

钓友创造了多种多样的诱鱼方法，如光诱法、氧诱法、食诱法、仿声诱法等，用得最多、最普遍的，还是食诱法。食诱法的食饵容易购买、容易调配、使用方便，而且效果显著。所以人们研究诱鱼方法，一般都特别注重食诱法。

诱饵的施用技术要点，一个是饵料原材料的选择与调配，另一个是临场施用方法。原材料选择的关键是要与所钓对象“对路”，调配的关键是比例适当。特别是添加剂（如酒、糖、香精及药料等）与基础材料的配比要适当。添加剂太少了，不起作用；太多了，有害无益。较常用的施用诱饵方法主要有以下几种：

1. 先诱后钓法。每次垂钓，钓点确定后，便将酒米、糟食之类的诱饵投水打窝，然后投钩钓鱼。在投诱饵后，待水面出现鱼星，窝“发了”才开始投钩垂钓，垂钓途中，补投几次诱饵。这是典型的传统诱鱼法，当前用此诱鱼法的很多。这种用饵法的技术要领是：投得准，无声音；先多投，后少投；诱饵落水的面积直径不超过50厘米；最好用投饵器投放；最忌大把大把地撒上一大片。当鱼已诱来频频上钩时，补诱饵要特别当心，宜少不宜多。投得不好会引跑鱼或惊跑鱼。

2. 边钓边诱法。钓钩装上一小块钓饵后，再在钓饵外面包上一层糟食，入水后几分钟糟食散开铺于水底，钓饵仍在钩上，等鱼来吸糟食时，同时将钓饵吞下。此钓法被称为“包食钓法”或“包饺子钓法”。每上一次钓饵就得包一次“饺子”。其技术要领是：诱饵应松软一点，钓饵应黏一点、香一些；每次投钩应尽量精确。此法钓鱼效果很好，钓大鱼最好。其缺点是上饵有点麻烦，最怕小鱼捣乱。

用蚯蚓或螺肉钓鱼，饵挂好后，在蚯蚓外面蘸香味粉末，入水后粉末很快散于水中起诱鱼作用，效果很好，这也是“边钓边诱法”。

3．钓诱合一法。这是台钓的诱鱼方法。其特点是钓饵即诱饵，诱饵即钓饵，二者合一。饵料质量高，对所钓对象的针对性很强。其味香，松黏适度，饵入水几秒后就开始散开逐渐呈云雾状，诱鱼力极强。鱼诱来后在吞吞吐吐中将钩咬住。无论有无鱼上钩，皆须在几分钟内抬竿，起到诱鱼、逗鱼的作用。

钓诱合一钓法，上饵频繁，技术要熟练，比较辛苦，有一定的难度。

4．虚诱实钓法。把具有浓烈香味的糟食或拌有香料的大米、小米装一纱布袋中投于钓点，使鱼嗅其味而不得其食。此时将钓饵投于袋旁，正好中鱼。此法省饵、省事、易行、效果好。

把一大块豆饼在香精液中浸泡后投入钓点，也属“虚诱实钓法”。

四、科学打窝

1．窝子的特点。窝子有固定窝和活动窝两种，其特点如下。

（1）固定窝：亦称死窝，即将诱饵投到一个选定的钓点形成的窝子。这种窝子适合于池塘、水库等静水水域，诱饵一次不要投撒过多，每隔 1 ~ 2 小时可补撒一次。也可在预选的几个钓点，分别撒几个窝子，轮番垂钓。

（2）活动窝：亦称活窝，即可以随意移动的窝子。制作这种窝子，只要将诱饵装进有孔的窗纱或纱布制成的小口袋里，再系在用一块硬泡沫塑料做的浮子下面，然后将小口袋投放到钓点上就行了，在转移钓点或结束垂钓时，可将活窝收回。

2．打窝的地点选择。

（1）有水草的地方：一些底层鱼如鲫鱼等，一般都喜欢栖息在水底草棵里及在草棵周围活动（图 3.1）。有垂钓谚语说：“钓鱼无草，等于白跑。”

（2）靠近塘边和水沟边：这些地方往往有码头，人们常在此淘米、洗菜，鱼儿常聚拢来觅食。有的沟、塘里放养有鹅、鸭，鹅、鸭常在水边休息，粪便多，鱼

图3.1　有水草的地方适宜打窝

儿会寻味游来寻食。当然，这儿便成了打窝子的理想之地。

（3）水流入口处或出口处：鱼儿喜嬉水，又有逆水而游的习惯，在这些地方聚拢的鱼儿往往较多。

（4）随水温的变化而变化：水温是随着季节的更替而变化的，打窝子也要根据不同的季节来选择不同的位置。初春温度低时，窝子应打在朝阳的浅水处；夏天温度高时，窝子则应打在阴凉浑水处或水草密集的地方。

（5）根据风向和风力的大小选位置：风力在 2 ~ 3 级时，多在下风头打窝；风力在 4 ~ 5 级时，多在上风头或微波处打窝。

3. 科学打各种窝子。在池塘、水库等静水处垂钓，打窝子是提高钓获量的一种重要手段。打窝子用的饵料有豆饼、菜籽饼、玉米面、大米、小米、麦麸、米糠、酒糟、豆腐渣、菜、草及树叶等。

（1）草窝：在没有水草的池塘，草鱼、鲂鱼等鱼很多时，可以设置人工草窝钓取。也可在有挺水植物的池塘，人工用池塘里的水草另做一个草窝来钓草鱼、鲂鱼等鱼。具体做法是：先拔三四捆青草，用绳在中间捆扎，另找一块石头或砖块，用绳将其与草捆在一起，如果打水底窝子，可以把这种草捆沉入水底；如果打半浮草窝子，可将拴石块的绳子放长一些，如 50 厘米左右，因为水草自身能向上漂浮，它就浮在距水底 50 厘米高的水中，成为一个半浮的草窝子；也可以打全浮窝子，就是将水草全部浮在水面（图 3.2）。

（2）扒窝：在水草茂密的地方，可下水在预定的钓点上拔除一片水草，面积 1 平方米即可，而后以这个窝子为中心，向四周踩出几条通道。如果附近有无草的亮水区，则应踩出通道与它沟通。在主窝内多投诱饵，也可在通道上少投一些诱饵，引导鱼儿进入主窝。这种窝子制好后，可每日投放饵料，两三天后观察窝子内的情况，如发现鱼已进窝，可以下竿（图 3.3）。

（3）活窝：选大块豆饼，电钻打眼后，用绳子穿起来，抛投到预定的钓点上。

图 3.2 草窝

图 3.3 已经扒好的窝

大块豆饼在水中浸泡三四个小时，不会散开，鱼儿闻味后，会来啃食，这时下钩，必定大有收获。这种打窝法最适合钓手竿。这种豆饼块，用后还可以提上来，晾干以后再用。

（4）小窝：用特制的漏斗形打窝罐打窝，每罐装小米 50 克左右。这种打窝方法非常细致，要求钓饵必须送到窝子内。此法最适合长竿短线垂钓，因为长竿短线下钩准确。

（5）大窝：是采用大罐打窝子的方法，每罐可装 250 克左右的饵料。用分离式多节手竿垂钓时，可以换上专用于打窝的带大罐的硬竿尖，将饵料倒入预定的钓点，饵料撒在 1 平方米的范围内。垂钓时，再换上带钓线的竿尖。此法打窝子最大的特点是窝子大，鱼儿容易发现饵料，聚集的鱼儿多，上钩率高。另一个特点是窝子大，下钩时不必仔细瞄准，可以做到下竿快。

（6）特大窝：这一般都是在水库等较大水面垂钓时采用的一种打窝子的办法。其饵料是一些价格低廉、但效果不错的酒糟、豆腐渣等，有的每次带一大桶，或一大麻袋。投放的方式是一次或分两三次投完，因为一般大水面鱼儿薄，打特大的窝子，是为了使鱼儿更快地发现饵料，有更多的鱼聚集到这里来。

（7）素窝：主要使用粮食类，如糠饼、豆饼、麦麸、菜籽饼、大米、小米、面粉、玉米面、混合饲料等。对鲫鱼、鲤鱼、草鱼、鳊鱼等鱼均有很好的效果。

（8）荤窝：是用动物性饵料制作的窝子，如鸡血、鸡肠、猪肺、猪骨头、羊肝等。荤窝对鲶鱼、乌鳢、黄颡鱼等肉食性鱼类效果最好，对鲫鱼、鲤鱼等杂食性鱼类效果也很好。

（9）臭窝：是用发臭的饵料，如动物粪便、腐烂的小猪、臭肉、烂骨头等打窝子，最好用铁纱或破布包成小包，用绳子捆住，坠石投到钓点，对于肉食性和杂食性鱼类效果极佳。

（10）香窝：用香味浓烈的饵料，如酒米、酒糟、炒黄豆粉、炒芝麻粉、香油等撒于窝点，对鲫鱼、鲤鱼、鳊鱼等鱼均有很好的效果。

（11）虚窝：用能散发浓烈气味的物质，如香精、曲酒、香油等拌和泥土，揉成团扔入钓点，也可用少量饵料拌上泥土来打窝。这种窝子只有味道却无饵料或有极少饵料（图 3.4）。

4. 确定诱饵使用量。

（1）大水面的诱饵用量：大水域一般鱼比较分散、流动性大，为把分散的鱼诱集于窝点，宜采用大饵量、多布点的办法，在尽可能短的时间内，力求把分散的鱼诱集于窝点。大饵团扩散面大，目标显著，鱼来得多，停留的时间长，自然有利于垂钓。

a. 用少量饵料拌和香精

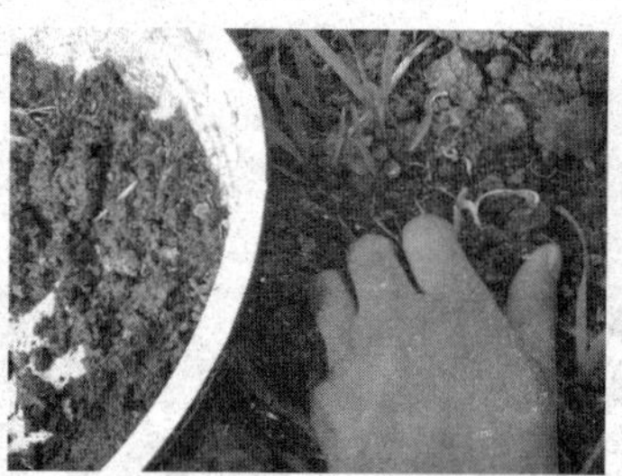

b. 就地取材选用松软的泥土

c. 将泥土搅拌

d. 将泥土揉成团

e. 打窝

图 3.4　打虚窝的技巧

（2）小水面的诱饵用量：小水面鱼的密度大，活动范围小，比较集中，易于聚集，诱饵用量宜少不宜多。在小水面钓鱼，采用小饵团、勤补窝的办法，是提高钓效的重要手段。

（3）野生水域的诱饵用量：野生水域中一类是大水域，如湖、库、江、河等；一类是小水域，如沟、溪、塘、堰等。在大水域中垂钓，仍应施以重饵，以增强招鱼、聚鱼效果；小水面以鲫鱼、黄颡鱼、白鲦等小型鱼为主，故小水面宜采用小饵团、勤补窝办法比较奏效。当窝中出现无鱼星或鱼星渐少时，则应适时补窝。

（4）养鱼池中的诱饵用量：在鱼密度大的养鱼池中垂钓，一般鳊鱼、鲫鱼、鲤鱼、草鱼、鲢鱼混养一体，鱼密度大，窝点不宜多，但饵量要重，采用小饵团、勤补窝，既不让鱼吃饱，又不让鱼离窝，是提高钓获率的好方法。在垂钓中随时注意上鱼率、稀密程度，若上鱼明显减少，应适时补窝，以保持良好的上鱼势头。

（5）低温季节的诱饵用量：低温季节鱼的活动迟缓、食欲减退、主动摄食性较差，为增加诱惑力，应重施香甜粉状雾化饵，促鱼进窝。雾化饵在水中滞留时间长，扩散范围大，诱鱼效果强。

（6）高温季节诱饵用量：诱饵用量依据水域大小而变，即大水域大饵量，小水域小饵量。但是还应考虑水域性质，混养水域以鲤鱼、草鱼、青鱼、鲢鱼等大型鱼居多，宜施重饵；自然水域偏重鳊鱼、鲫鱼、鲌鱼、白鲦等小型鱼，故饵料应减半。

（7）肥水与瘦水的诱饵用量：肥水多见于精养鱼池和死水坑塘，水体养料丰富，鱼的食欲不强，对饵料比较挑剔，因此，宜施香气浓烈、粗细混合的重饵，以激活其食欲。瘦水多见于野生水域，鱼的食欲强烈，不挑剔，见饵便食。以碎米、麦麸皮、玉米渣等谷类的混合饵为佳，诱饵轻施，勤补即可。

（8）静态与动态水域诱饵用量：静态水域是指坑、塘、沟、汊等非流动性水域；动态水域是指江、河、溪、渠等流动性水域，静态水域中的鱼群较集中，宜轻施诱饵；动态水域中的鱼比较分散，宜重施粒状粗饵，以延长其持续性。

5. 及时补充诱饵。传统手竿钓中，一个诱窝无论用什么饵，下多少料，其持续时间都是有限的。而什么时候需要补撒，应根据鱼群摄食情况、饵料流失情况及留点多少来临场决定。补撒诱饵主要应注意“轻、少、勤、精”四个字。

所谓“轻”，是指整个补窝过程要轻，包括走路、讲话、饵料入水等，声音尽量要小。

所谓“少”，是指补撒的诱饵应相对比第一次下窝的数量少。

所谓“勤”，是指为了能使鱼儿留在窝区，并不断上钩，除了每次补饵不要太多外，还应注意勤补。

所谓“精”，是指用精饵细料。在同一窝点补撒的饵料应比初次下的诱饵质量更好，即少而精，在香味上更浓、料质上更细，使鱼儿吃到补撒的饵感到更可口、好吃，越吃越要吃，不愿离开窝点。

第二节　钓饵及使用

钓饵亦称鱼食，就是装在钓钩上让鱼儿吞食上钩的饵料。钓饵可以分为动物性钓饵、植物性钓饵、粮食性钓饵、模拟钓饵等几大类。

一、动物性钓饵及使用

动物饵又称为荤饵，是用小动物的躯体或动物身体上的某一部位的肉制成的。更具体地说，动物性钓饵就是将某种小动物穿在钓钩上作为诱鱼上钩的材料。

1. 蚯蚓。蚯蚓又称地龙、曲蟮，多生长在比较潮湿、肥沃的疏松黑泥中，常见的有红色、青灰色、褐色、浅黄绿色、白色、浅酱色等，其个体大小差别很大，有的只有 3 ~ 5 厘米长，有的可长达 20 ~ 30 厘米，但多数为 10 厘米左右的浅酱色蚯蚓。

蚯蚓是动物性钓饵中名列第一的钓饵，原因是大多数鱼类都喜食，被钓鱼界称为“万能”钓饵，不论鲫鱼、鲶鱼、鲢鱼、鳜鱼、鳊鱼、鲤鱼，甚至甲鱼、黄鳝都爱吃蚯蚓，所以，一提到钓饵，钓鱼者首先想到的就是蚯蚓。在所有蚯蚓中，又以一种名叫“日本大平二号”的红色小蚯蚓最受鱼儿喜爱。这种小蚯蚓为红色，体长仅 5 ~ 10 厘米，其特点是肉质嫩、蛋白质含量高，体表充满富有强烈气味的黏液，在水中能不停蠕动，且颜色醒目，对多数鱼类有很强的诱惑力。

此外，有一种深绿色的蚯蚓，具有腥臭气味，对鳜鱼、鲶鱼、甲鱼等多种鱼类都有特殊的吸引力，也是作为钓饵的蚯蚓中的上佳品种。

要快速有效地利用蚯蚓，就要科学掌握蚯蚓的各种装钩方法。一般垂钓时选用 3 ~ 5 厘米长、2 ~ 3 毫米粗的红蚯蚓效果较好。装钩时，除非过长的蚯蚓，尽量不要剪断，更不要拍成昏迷状态再装钩，因为鱼爱吃活的，最好使蚯蚓能在钓钩上不断蠕动。蚯蚓装钩方法主要有四种：

（1）截断装钩法：将长条蚯蚓截成小段装于钩上，这样可节约钓饵，适于垂钓个体较小的鲫鱼、鳊鱼等。

（2）整条装钩法：将中等粗细的蚯蚓，从头部或背部穿钩，留出尾部，以便于蚯蚓蠕动吸引鱼类，适于垂钓个体较大的鲤鱼、鲫鱼。

（3）整条双钩装钩法：用两枚钓钩穿在一枚钓钩上，可垂钓吃食凶猛的鲈鱼、鳜鱼等鱼类。

（4）多条装钩法：用数条大蚯蚓并列装钩，钓饵大，目标明显，适宜垂钓口大、视力较差的鲶鱼、乌鳢等（图 3.5~ 图 3.8）。

图 3.5 整条头部装钩

图 3.6 背部装钩

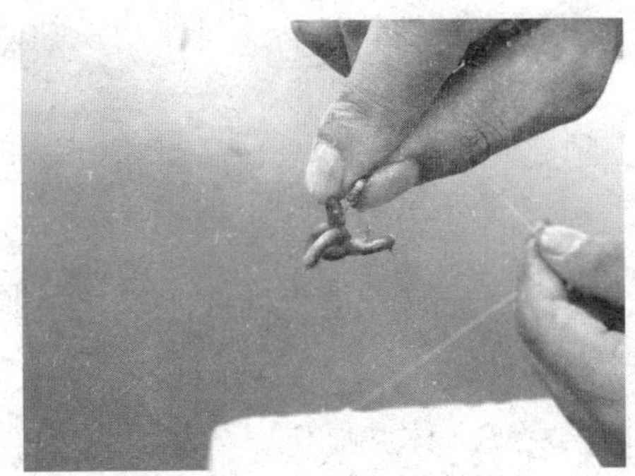

图 3.7 交叉装钩

图 3.8 多条装钩

2. 昆虫类。昆虫是鱼类爱吃的食物，也是垂钓时可用的好钓饵，常见的有菜虫、米虫、螟蛾、苍蝇、摇蚊幼虫、油葫芦、蛴螬、面包虫、蟋蟀、蟑螂、蚱蜢、土蚕、蝗虫、蜻蜓、天牛及各种蛆虫，不论哪种昆虫，也不论昆虫在哪个成长阶段，都是各种鱼类喜食的佳饵，属于上等钓饵。

（1）蝇蛆：是一种理想荤饵。它含蛋白质多，气味浓烈，颜色洁白，目标明显，皮质坚韧，个体适中，诱鱼力强，其诱鱼效果要超过蚯蚓。蛆虫在夏季和初秋是垂钓鲫鱼、鲤鱼、草鱼、青鱼、鳊鱼、鲶鱼等的好钓饵。在黑龙江、牡丹江、松花江等水系支汊中，用拨拉竿装蛆饵垂钓，可钓马口鱼、细鳞鱼、蒙古红鲌等。

蝇蛆的个体较小，故多用小钩。装钩的方法主要有五种：一是从尾部刺入。蝇蛆尾部较粗大、平坦，上面有三个小孔，将钩尖对准中间的一孔扎入，一直扎到头部。这种装钩方法，蛆虫身体饱满，挂钩牢固。二是从头部刺入，蛆虫头部尖细，将钩尖横穿头部，越过倒刺进入钩底部。三是多条装钩，钩尖从头部边缘皮穿过，不要贯穿蛆身，可钓个体较大的鱼。四是混合装钩。为了增强垂钓效果，还可将蛆和蚯蚓混合装钩，可用一条细红蚯蚓装在钩尖的弯部，再用一条蝇蛆穿在外面，用来垂钓个体较大的鲫鱼或鲤鱼，效果更佳。用蝇蛆装钩，一般应使钩尖裸露，因为蝇蛆皮质坚韧难以刺透，如裸露钩尖则易于使钩尖刺入鱼唇，垂钓效果更好。五是横穿法，从尾部倒数第三道圈横刺穿过，使蛆尾挂在钩弯处，头朝下仍能扭曲活动，虽然钩尖外露，但却无妨，因抛钩入水后，鱼钩带着蛆体在水中翻滚动荡，鱼儿只注视白色扭动的蛆身，看不清细微的钩尖。如钓静水，穿法同上，只是用大钩穿蛆三条，其中两条挂在钩弯处，一条挂在钩倒刺部位，钩尖微露，达到若隐若现的程度，用小钩穿蛆两条（钩弯部与倒刺处各一条）。穿时，只要不超越尾部第三道圈，既不会有浆液渗出，也能保住蛆的活力，使其尾部挂在钩上，头朝下仍能扭动，定能招引鱼儿游来争夺抢食。

（2）蝼蛄：蝼蛄的幼虫和成虫均可作为钓饵，鲤鱼、草鱼、鲶鱼、鳜鱼、乌鳢等都爱吃。

（3）蚂蚱：俗话讲“蚂蚱飞，鱼儿肥”，由于蚂蚱也生活在水域边，是鱼类的天然饵料，肉食性、杂食性、草食性鱼类都喜食它。

（4）蟋蟀：又名蛐蛐。体呈黑色，油光发亮，体胖肥嫩，含蛋白质多，是一种极好的钓饵，草鱼、鲤鱼、翘嘴红鲌、鲶鱼、鲫鱼等都喜食它。

（5）青虫：种类很多，一般将绿色的肉虫统称为青虫，是垂钓草鱼、鲤鱼、鲶鱼、鳜鱼、黄颡鱼、翘嘴红鲌等的好钓饵。

（6）水蛭：水蛭的血腥味比蚯蚓浓，同时不易被拉断、嚼烂，使用时间比蚯蚓要长，而且不爱闹小鱼，是钓鲫鱼和甲鱼的最佳饵料。

（7）摇蚊幼虫：摇蚊幼虫又叫红虫（图 3.9），它是蚊子的幼虫，颜色鲜红，是钓鲫鱼的理想钓饵，特别是春钓，是垂钓鲫鱼、鲤鱼等最好的钓饵，有人称它是鱼饵之王。摇蚊幼虫非常细小，可用纱布网捞取，用水洗净。

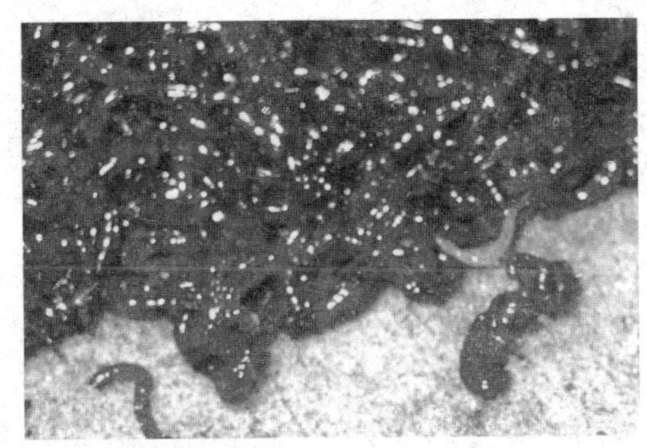

图 3.9 摇蚊幼虫

摇蚊幼虫装钩法有以下几种：

1）挂钩法：有的钓友将摇蚊幼虫放手盘内，用少量的面粉将它们和在一起，使之结成一个大团子，然后用右手拇指和食指捏住钩把，钩尖朝下，由外向内连续挂几次，10 多条摇蚊幼虫便被挂在鱼钩上了。但这种挂钩法，摇蚊幼虫并未挂牢，因此，下钩时抛竿动作要轻，以免摇蚊幼虫在空中脱落。摇蚊幼虫入水后，不要移动钓钩，因为摇蚊幼虫不停地蠕动，有的已不在鱼钩上了。但这并不影响钓鱼，因为鲤鱼、鲫鱼吃钩时往往是把摇蚊幼虫、鱼钩一并吃进嘴里。挂钩法又分为两种，一是单条装钩，钓小鱼，可用小钩，挂 1 条摇蚊幼虫。二是多条装钩，将 3 ~ 4 条摇蚊幼虫挂于钩上，便于钓大鱼。

2）捆虫法：先将红色棉线打一个活结，用镊子将 5 ~ 8 条摇蚊幼虫理顺，将线套在虫体中部，拉紧线头捆紧即成。垂钓时，将其捆在钩弯倒刺下方即成。

3）套住法：将自行车的气门芯横着剪下一圈，套在圆珠笔帽头部。把摇蚊幼虫放入笔帽插口内，然后将气门芯翻下笔帽，就套住摇蚊幼虫了。

4）钻入法：将摇蚊幼虫装入广口瓶内，瓶底放少许清水以维持湿润。将海绵或泡沫洗净，切成若干个边长 5 ~ 10 毫米的正方体状，浸水湿润后投入养摇蚊幼虫的瓶内。摇蚊幼虫急于寻找隐身之处，便自然钻进海绵、泡沫内。使用时，将一块海绵或泡沫挂在鱼钩上，露出钩尖。下钩之后，摇蚊幼虫会探头于海绵、泡沫体外摆动，诱鱼上钩。

5）使用便捷上饵器：一是能使摇蚊幼虫长时间保持在水中存活、滞留时间长，减少换饵时间；二是可以束缚各种异形钓饵；三是上钩快，省力、省时，是钓鱼比赛取得名次的最好上饵器。只要绷开套在鱼钩上的橡皮圈，往盛有线虫的器皿中一戳，立即松开橡皮圈，十来条线虫便捆在橡皮圈内了。

（8）蜗牛：蜗牛味道鲜美，用它作为钓鲫鱼的钓饵效果很好。取蜗牛 10 只，连壳一起放清水里煮几分钟，当其颜色变成暗白色时取出，趁热去壳剁成肉泥。取生黄豆粉 10 克、精面粉 20 克与蜗牛肉泥混合揉透即可。此饵宜于春、夏两季在清水塘中使用。

（9）海蛆：也称海蟑螂、海岸水虱，是海滨滩钓、矶钓、栈桥手竿钓、防波堤堤钓的主要钓饵之一，常用于钓取近海浅水的中、小型鱼类和水生动物。

（10）沙蚕：一般长 10 厘米左右，是钓取海鱼的主要饵料，滩钓、矶钓、船钓皆可。与淡水钓中的蚯蚓一样，沙蚕为海洋中许多可钓鱼类所喜食。沙蚕可整条装钩，也可半条或 1/3 条装钩。

（11）面包虫：色黄白，体长 2 厘米左右，很多肉食性和杂食性鱼类都喜食。

（12）海藻虫：也称麦秆虫，是海滨钓取小型海鱼及海虾的主要钓饵之一。

（13）海蚯蚓：也称沙蝎，可作为海滩抛竿钓的主要钓饵，如切断可用于栈桥手竿钓，钓取中、小型海水鱼类。

（14）海蜈蚣：因形似蜈蚣而得名，是海钓的主要钓饵，可钓取多种海水中、小型鱼类。

3. 鱼虾类。肉食性的各种鱼类，大多具有生性凶猛、个体较大、气力充足、行动敏捷等特点，它们的食物也大多以较小的鱼和虾等水生动物为主，如青鱼、鳜鱼、鳡鱼、狗鱼、乌鱼、鲶鱼、鲈鱼、哲罗鱼、大马哈鱼、翘嘴红鲌等很多鱼种，都是见了较小些的鱼就去大口吞食的。

虾类也是这些肉食性鱼类的美味佳肴，不论是白虾、米虾、青虾、毛虾、葛氏长臂虾、对虾还是龙虾，只要被这些鱼发现，就会拼命追逐，直到捕获吞食为止，所以用虾作为钓饵，当然是最有效的。

（1）活虾：活虾含蛋白质多，肉味鲜美，分布广，绝大多数鱼类都喜食。除活虾外，鲜虾及虾肉均是良好钓饵。

虾饵装钩法：垂钓所用的虾饵，必须是鲜活的虾，死虾的效果较差。装钩方法主要有三种：一是活虾装钩，可用钓钩在虾眼上部的眼后沟部穿过，活虾在水中活动自如，诱鱼效果极佳。二是鲜虾装钩，分为背部刺入法和尾部刺入法，均采用整虾。在整虾装钩时，需剪去其头部尖锐硬刺，以免刺伤鱼唇。三是虾肉装钩法，若虾体较大，鱼又较小，可将虾的外壳剥掉，剪成几段装钩，效果很好。钓小鱼时可掐去虾头；钓中等大小的鱼，只掐去“虾枪”硬须；钓较大的鱼，什么也不必掐，留着“虾枪”还可防小鱼啃食，因为硬须扎嘴，小鱼无从下口。虾饵是钓马口鱼和翘嘴红鲌的首选饵。

（2）小青蛙：青蛙为两栖动物，是凶猛肉食性鱼类乌鳢、鲶鱼的天然饵料。

青蛙装钩有两种方法，一是单腿装钩，即将钓钩从青蛙的腿刺入并穿出，青蛙活动自如。二是双腿装钩，可将青蛙双腿捆住，再将钓钩穿入。

（3）身饵：即是以鱼钓鱼，以虾钓虾。可取整条活体作为饵。如将海中黄鲫鱼、沙丁鱼、隆头鱼等整条活鱼穿钩上，可钓鲨鱼、金枪鱼、石斑鱼、鳐鱼、鲆鱼、鲻鱼、鳕鱼、鲷鱼、海鳗等，这种饵实际上是用小鱼钓大鱼。淡水钓时，如用鳑鲏鱼、小鲫鱼、白鲦、小鳊鱼、麦穗鱼等整条挂钩上，可钓取乌鳢、鳜鱼、鲶鱼、鲴鱼、鳡鱼、狗鱼、哲罗鱼、黄颡鱼、鲔鱼等。

以虾钓鱼尽人皆知，而且以虾钓虾实际运用也很广泛。在海滨，钓者常用手或小网捕到虾后，去头、尾、皮，将肉段穿于小钩上钓虾，用对虾肉钓对虾上钩率特别高。淡水中，人们常用白虾肉、草虾肉及青虾肉钓青虾，效果也很好。

（4）泥鳅：泥鳅是很多肉食性鱼类的天然饵料，它个体小，行动灵活，不易死亡，是垂钓鲶鱼、鳜鱼、乌鳢等肉食性鱼类的好钓饵。

4．蛤贝类。同是生长在水中的动物，除了鱼、虾之外，还有许多种带有硬壳的水生动物，也是鱼儿喜欢摄食的。这些水中生长的小动物，有一个共同的特点，就是有很重的腥气，所以鱼类特别喜欢摄食。这些动物有河蚌、螺蛳、贻贝、蚶子、牡蛎、扇贝、青蚬、蛏子、文蛤、西施舌等。用这些水生动物垂钓，上钩率很高，若将它们的外壳击碎，把它们的肉挂在钩上做沉底垂钓，可钓到青鱼、甲鱼、鲶鱼、鲤鱼和黄鳝等，尤其是青鱼和鲤鱼上钩率最高。

（1）蛏：海产贝类，落潮后易采捕，是美味之一，也是海钓的好钓饵，砸烂壳后，取其肉挂钩即可垂钓。值得注意的是，它们壳薄肉嫩，最好剥壳取肉，以求完整。

（2）蛤：海产贝类，剖壳取肉后切块，或将整块蛤挂钩上，可钓多种中、小型海水鱼类，用抛竿钓最适宜。

（3）贝：多种海鱼喜食，历来为海钓佳饵，吃钩率高。

（4）螺蛳类：系螺科贝类和蛳科贝类的统称。用其当作钓饵，不用去壳，只要用钩尖从尾部一戳即入，取用方便，鱼吃钩率高，用手竿、抛竿皆可钓取海洋中、小型鱼类。

螺、蚌、蚬肉装钩法（图3.10、图3.11）：对螺蛳要切削螺盖，钩尖从螺蛳的头足下1毫米处刺入，从另一端穿出，小的挂3～4颗即可。蚌、蚬均需打开硬壳取肉，大的可切成块、条后，再装钩。注意装钩时不宜钩得过深，因蚌、蚬、螺肉均有一定韧性，钩深了有碍钩鱼。蚌、蚬、螺肉适于垂钓肉食性和杂食性鱼类，是钓青鱼、鲶鱼、草鱼、鳡鱼、乌鳢和鲤鱼的好荤饵。

图3.10　带壳田螺的装钩

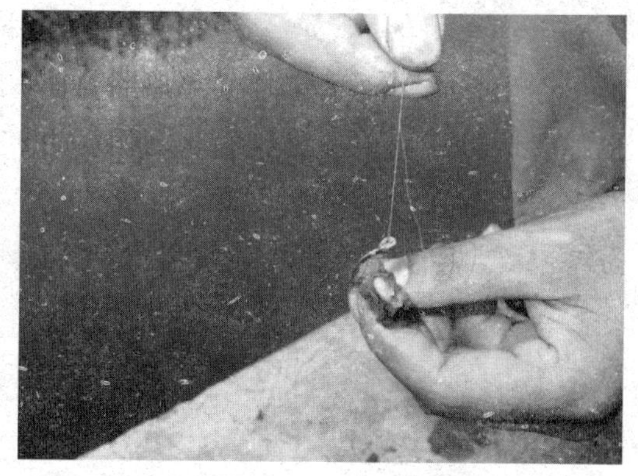

图3.11　去壳田螺的装钩

5. 蛋类。把蛋加热煮熟后用作钓饵，鱼儿都是爱吃的。若将鸡蛋、鸭蛋、鹅蛋或鹌鹑蛋的蛋黄作为掺和剂揉入面粉内蒸熟作为钓饵，由于有金黄的色泽和蛋黄的香味，垂钓效果很好。若能再加些白糖，加热蒸熟后在外面涂些麻油，垂钓时将其捏成小圆团装钩，可钓取鳊鱼、鲫鱼、鲤鱼、草鱼等草食性和杂食性鱼类。

由于鸡蛋等的蛋黄有很强的黏性，在和面掺和蒸熟后，挂在钩上入水，可在水中经历很长时间不溶化。将煮熟的蛋白切成块，挂在钩上垂钓，钓鲫鱼、鲌鱼、草鱼、鳊鱼的效果都很好。

6．动物内脏。

（1）鸡、鸭内脏，含蛋白质多，气味浓烈，是垂钓鲶鱼、乌鳢、黄颡鱼等凶猛鱼类的最佳钓饵。

（2）肝类，各种动物的肝脏，是垂钓甲鱼的首选钓饵，也可钓其他肉食性鱼类。

二、植物性钓饵及使用

植物性钓饵又称为素饵，是使用最多、来源最丰富的鱼饵。只要是人能吃的瓜、果、蔬菜及嫩青草等植物，都可作为钓饵。主要垂钓素食性和杂食性鱼类，如鲤鱼、鲫鱼、鳊鱼、草鱼等。特别是在春末、夏季和初秋，用素饵垂钓的效果最好。植物性钓饵分成蔬菜类、粮食类和瓜果类三个部分来列述。

1．蔬菜类。

（1）青菜、大白菜、包菜：它们的菜心不仅有较高的营养价值，而且鲜嫩、有清香味，是草鱼很喜欢吃的钓饵。在水温适宜的夏、秋两季，用粗线、大钩挂上鲜嫩的菜心做的浮钓和悬钓，可钓到草鱼和大鳊鱼。如果把菜心卷折起来挂钩做拖钓、悬钓或沉底钓，不仅能钓到草鱼和鳊鱼，而且还能钓到鲫鱼、白鲦鱼、鲤鱼和鲴鱼。在每年的4～9月，用蔬菜的嫩叶挂在钩上垂钓，用手竿或抛竿钓草鱼和鳊鱼，效果都很好（图3.12）。

图3.12 白菜多株挂钩

（2）甘薯：又称山芋、地瓜、番薯、红薯、白薯。夏天，用甘薯的嫩茎和嫩叶作为钓饵（图3.13），很适合钓草鱼、鳊鱼。甘薯的块根鲜甜可口，可作为我国多数地区在秋、冬两季垂钓淡水鱼的好钓饵，尤其是垂钓大、中型青鱼、草鱼、鲤鱼的上等钓饵。用红皮黄心甘薯作为钓饵，还可

图3.13 甘薯嫩叶当作钓饵

钓到鲫鱼、鳊鱼、鲴鱼、鲌鱼和鲮鱼。将甘薯蒸至 8 ~ 9 成熟，用刀切成边长 1 厘米的方块，晾至半干，放进麻油或白酒中浸泡 2 ~ 3 小时后取出作为钓饵，鲤鱼特别喜欢吃。另外，还可将甘薯煮熟后剥去外皮，放些面粉和白酒调和，捏成大团块晾至半干，垂钓时取下一些搓成圆团装上钩后垂钓，可钓到鳊鱼、草鱼和鲫鱼。

图 3.14　油菜花多株装钩

（3）油菜：油菜的多个部位均可作为钓饵，常用的有油菜花、油菜嫩茎、油菜心，对草食性鱼类和杂食性鱼类有特效，适于菜花黄季节的春钓。油菜作为钓饵的装钩法也因使用部位不同而有所不同（图 3.14、图 3.15）。

图 3.15　油菜花茎双株装钩

（4）茭白：又名茭瓜，每年 4 ~ 5 月和 7 ~ 8 月从这种植物中间都会抽出茭瓜苔，草鱼最爱摄食苔、花和嫩茭白。钓者只要用茭白的嫩尖或嫩叶挂在钓钩上做悬钓或浮钓，草鱼就会前来争相摄食，上钩率很高。

（5）莲藕：是荷的根茎，鲜嫩可口，莲花中结出的莲子，剥去皮，剔除掉苦味的莲心后，夏末时节作为钓饵垂钓，草鱼、鲤鱼、鳊鱼、鲫鱼都会来咬钩。若将荷根部较老的藕煮熟，切成 1 厘米大小的方块，既香又糯，以这种藕块挂钩沉底垂钓，可吸引草鱼、青鱼、鲤鱼、鲫鱼、鳊鱼上钩，效果甚好。

（6）南瓜：又称北瓜、番瓜。将金黄色比较老熟的南瓜切成 1 ~ 2 厘米的方块，用粗线、大钩和较硬的手竿挂上，在深水和缓缓的活水水域垂钓，可钓到较大的草鱼、青鱼和鲤鱼。南瓜鲜黄色的花冠裂片，芳香鲜嫩，将其用作钓饵，以手竿或抛竿做浮钓，除可钓到草鱼外，还可钓到鲤鱼和鳊鱼。

（7）芋头：又称芋艿，分水芋和旱芋两大类。芋头有母芋和子芋之分；母芋僵硬缺乏糯性，不适于垂钓；子芋软糯，富胶质，有香味，将其煮熟后切成边长 2

厘米左右的方块，晒至半干作为钓饵，效果甚好。长江、黄河流域沿岸各地所产芋头香气较足，较适于作钓饵，其中称作香粳芋的，作为钓饵更佳，可钓草鱼、鳊鱼、鲫鱼、鲴鱼、鲌鱼等鱼类。

（8）菱：又称菱角、龙角、水粟，其中以产于江南地区的红菱品种最佳。将菱剥去外壳，取菱肉大者切成 2 块或 4 块，小的可以不切整用，以菱肉作为钓饵，可钓取鲫鱼、鲌鱼、鲤鱼和鳊鱼。整个的较大菱肉，可用硬竿、粗线、大钩钓大草鱼。将剥去外壳的较老的菱肉煮熟，晾至半干后上钩垂钓，可钓取鲤鱼、草鱼、青鱼；熟菱肉晒干碾成粉后，加上面粉揉成团，再搓成小块作为鱼饵，可钓青鱼、草鱼、鳊鱼、鲫鱼、鲤鱼、鲴鱼、罗非鱼、鲌鱼、白鲦。

（9）嫩青草：青草品种很多，其中有一些鱼很爱吃，如狗尾草。可取青草顶端正在生长的两三片嫩叶，折叠成小方块或卷曲打结后挂钩上。如用于浮钓，可钓取草鱼、鳊鱼。从暮春至仲秋，长江以南地区钓这两种鱼多用此法，尤其在天气闷热鱼不沉底浮头之际，效果更好。

（10）马铃薯：也称土豆、洋山芋、山药蛋、地蛋、洋芋艿、洋芋，我国各地皆有种植。可将其煮熟后切成块状，用粗线大钩，可钓取淡水大、中型鱼类，通常吃钩率不及甘薯块，但马铃薯块耐储藏，较甘薯使用时间长。也有将马铃薯切片后油炸，再切成小块使用的，垂钓效果要比煮的好。

2. 粮食类。

（1）麦粒：麦粒微甜，有清香，不论大麦麦粒或小麦麦粒，将其置水中浸泡涨大后即可穿在钓钩上，垂钩引钓，可钓取鲫鱼、鲤鱼、鲌鱼、白鲦、草鱼和鳊鱼等。

麦粒装钩法：可用富含浆汁的未成熟的青麦粒直接装钩；也可先将青麦粒用白酒泡过后再用，其味更清香；还可将成熟的麦粒先浸泡，然后煮熟再用。装钩时，钩尖从麦粒中部横向穿透，微露钩尖即可。

（2）玉米粒：玉米又称苞米，颜色显著，清香甘甜，是鱼类爱吃的饵料，以黄色硬粒型的玉米作为饵较适宜。以鲜嫩的玉米生粒挂上钩，可钓鳊鱼和草鱼；若用较老的玉米粒煮熟作为钓饵，用手竿或抛竿做沉底钓或悬钓，可钓到鳊鱼、鲤鱼、草鱼和青鱼等鱼类；如将玉米粒晒干碾成粉，和其他各种粮食粉末混合，可制成各种良好的钓饵。

（3）蚕豆：也称罗汉豆，在蚕豆开花时，其花具有香气，可用作钓饵。用于浮钓，可钓草鱼和鳊鱼。用蚕豆的生豆粒作为钓饵，用浮钓法可钓到草鱼和鳊鱼；干的蚕豆老粒，放在水中浸泡 1 ~ 2 天，使其软化后将皮剥去，上钩垂钓，可钓青鱼、鲤鱼和草鱼，但从效果看，不如青的新鲜蚕豆粒。

豆米装钩法：未成熟的嫩豆可直接装钩；老豆可蒸熟或煮熟，再用白酒浸泡，效果更好。装钩时，钩尖横向穿透豆粒的腹部，略露钩尖即可。

（4）粳米饭：米有粳米、籼米、糯米之分，作为钓鱼用的钓饵，以晚稻粳米煮成的饭粒较为适合。尤以新大米更富香味，黏性好又有弹性，鱼儿较喜欢吃。这种新粳米的饭粒可用来钓鲫鱼、鳑鲏鱼、鳊鱼和小白鲦等小型鱼类，效果不错。若用新鲜粳米煮出的米饭搓成饭团，用硬粗的较长手竿、粗线、大钩，装上饭团垂钓，能钓到大青鱼、大草鱼和大鲤鱼。但更多的钓者是用软竿、细线、米粒大小的最小型的钩，钩上只用一两粒粳米饭粒垂钓，小型鱼类的吃钩率很高。

饭粒装钩法：饭粒钓饵装钩时，钩尖从饭粒长方向慢慢刺入，注意不让饭粒开裂，使钩尖微露即可。如能在垂钓时蘸些蚕豆粉则效果更好，但垂钓大型鱼就显得小了些。若钓大鱼，可将米饭先揉成饭团，取适当大小的小团挂于钩上。

（5）米糕：是用细糯米粉或细粳米粉掺入少量面粉和白糖放蒸笼中蒸制而成。将刚蒸熟的米糕切成小块，搓成直径 0.4 ~ 0.6 厘米的小圆团，放在麻油中浸一下捞起，用小罐装好。垂钓时取一个小米糕团子装在钩上入水，可钓鲫鱼、鲌鱼、鳊鱼。若用稍大些的米糕团装在粗线、大钩上，可钓到青鱼、草鱼、鲤鱼和较大的鳊鱼，尤其在较混浊的肥水中垂钓，上钩率可更高。

（6）馒头：是在面粉内加进发酵料揉和后蒸制成的。掰下一块馒头并捏实，将空气挤出去使之变成结实的面块上钩垂钓，可使钓饵连钩沉入水底，可钓草鱼、鲮鱼、鲤鱼、鲴鱼和鲫鱼。但馒头比较疏松，入水浸泡几分钟就碎化。故有些钓者将馒头切成边长 1 厘米多的小块，放在麻油内煎成金黄色再垂钓，这样在水中浸泡的时间可以耐久些，由于麻油能散发出香气，对鱼的吸引力和上钩率也更大些。

（7）面饼：是不用发酵剂而直接用水和面粉调和，放在锅边或炉边烤熟的硬面块，俗称死面。它是中间没有空隙的结实面块，能沉入水底做沉底钓。用面饼作为钓饵的引鱼率虽比不上馒头，但它在水中经得起较长时间的浸泡而不化开。若想增强对鱼的吸引力，可在面饼外涂上些麻油或在白酒中浸泡一会儿，就可成为较好的粮食钓饵。

面食装钩通常有三种方法：

1）单钩装饵：按钓钩大小，把面饵揉成绿豆或黄豆大小的圆球，装在钩尖上，不露钩尖。也可将多粒面饵穿在钓钩上，还可用面饵将钓钩全部包住，此法适用于面饵较软和入水后易散落的饵料。

2）双钩装饵：面饵用量较单钩要多，应把整个钓钩包住，再捏成椭圆球，可垂钓个体较大的鱼。

3）多钩装饵：与双钩装饵相类似，因饵料多，可垂钓个体较大的鱼。

3．水果类。

（1）桑葚：桑葚是一种色、香、味俱全的佳品，多种鱼类都十分喜欢吃这种佳果。在一些有桑树的水域，特别是有桑树枝斜伸入水塘的地方，会有些成熟的桑葚或半熟的桑葚被风吹掉落入水中，这时，常常有很多草鱼、鲫鱼甚至鲤鱼、鳊鱼成群地聚集在这个地方，等候着桑葚掉落下来。用桑葚饵垂钓，可以用手竿在湖泊、池塘边上垂钓，也可以用海竿甩抛到远处垂钓，尤其在有桑树的池塘边上垂钓时，可以将饵钩有意地较迅速地突然投入水中，让它发出声响，使鱼儿以为是从树上掉落的桑葚，这时常常会有鱼猛冲过来，将钩吞进口中就跑，上钩率极高。装钩时，将钩尖从桑葚梗部刺入，再将其推至钓钩的钩背处；或从桑葚中部进钩，从其梗部出钩，露出钩尖。甩饵钩时，将饵钩重重地甩入水中，鱼儿以为是树上掉落桑葚，会立即趋前抢食，吞钩就跑。如饵钩落底后仍无鱼咬钩，则将饵钩提起重新甩钩。这种水域中的鲤鱼、草鱼、鳊鱼、鲫鱼都喜欢吃桑葚。若水域旁边无桑树，用桑葚作为钓饵鱼儿上钩率就不高。

（2）菠萝：菠萝肉色金黄，清香宜人，而且酸甜可口，用作钓饵，对鲤鱼、草鱼等素食性和杂食性鱼类有很大的吸引力。

（3）草莓：这种颜色鲜红、口味酸甜而具清香气味的水果，用作钓饵是垂钓草鱼、鲤鱼的上佳饵料，对鱼儿有很强的吸引力。用作钓饵时，应选择未完全熟透的草莓，否则难以挂牢。装钩时，将钩尖刺入果皮，微露钩尖。也可将熟透的草莓捣烂，与面粉拌和，颜色浅红，略酸亦甜，也是一种较好的钓饵。

（4）香蕉：香蕉是人们爱吃的水果，同时也是一种好的钓饵。

1）香蕉肉钓饵：将香蕉肉切成边长 0.5 ~ 1.5 厘米的方块。装钩时，将钩尖沿一面的中心刺入，慢慢旋转进中心，不露钩尖。

2）香蕉皮钓饵：香蕉皮色深黄、清香，也是一种好钓饵。将香蕉皮切成0.5厘米宽、1厘米长的小条。装钩时，可把香蕉皮3～4条同时挂在钩背处，在其钩尖处也穿一条，微露钩尖。

3）香蕉肉面饵：将香蕉肉捣烂，掺入等量的面粉、米糠、芝麻粉等，揉制成团，取一小团（黄豆或蚕豆大）装钩，不露钩尖。

（5）龙眼：龙眼干品俗称桂圆，有一定的滋补作用，也是较好的钓饵之一。

鲜龙眼肉质白嫩、味道鲜甜、清香四溢，桂圆肉干紫红显眼、甘甜如蜜、香气浓郁，不仅草鱼、鲤鱼十分爱吃，其他杂食性鱼类如鲫鱼、鳊鱼、白鲦等也会在闻到其香甜气味后追寻而至，上钩率之高可想而知。用法是将龙眼剥去外壳和内核，直接挂在钩上垂钓。此外，也可将桂圆肉干挂在钩上垂钓。

（6）荔枝：新鲜的荔枝肉嫩滑、味鲜美、汁甘甜，是钓鲤鱼、草鱼、鲂鱼和鳊鱼的好饵料。

三、糟食钓饵及使用

糟食钓饵是用多种粮食类原料混合配制而成的，具有色感好、气味香、松散易食的特点。

糟食按其气味分，可分为香糟食、酸糟食和腥糟食三大类。一般来说，用糟食只适宜钓素食性鱼类、杂食性鱼类和浮游生物食性鱼类，而不能用于垂钓凶猛的肉食性鱼类。香糟食主要用于垂钓草鱼、鲫鱼、鲤鱼、鳊鱼；酸糟食主要用于钓取鲢鱼和鳙鱼；腥糟食则对草鱼、鲤鱼、鲫鱼、鳊鱼都有很大的吸引力。

1. 糟食的特点。

（1）有较浓郁的气味：由于炸弹饵是用海竿甩至较远的水域中诱鱼的，它需要有比较强烈的气味来引诱附近的游鱼甚至较远处的鱼前来咬钩。这些气味应具有香、腥、酸、腐、臭中的一种或两种。

（2）复合饵料：这种饵料必须是以数种粮食合成的饵料为基础，再加上一些鱼儿喜爱的增味剂制成，不能用单一的动物性或植物性饵料制成；否则，就没有适度的黏合力，不能将由多个鱼钩组成的组钩包裹起来。

（3）用量多：由于炸弹饵需要将6～8个带弹性的鱼钩包裹起来，每个钓饵的体积至少需有桂圆那么大，大的则可有核桃那么大，因而每次制作这种钓饵的原料，一般都要 500 ~ 1 000 克。

（4）要有适度的黏合力：由于炸弹饵要用混合饵将一组钓钩包裹起来，如果没有相当的黏合力，就不能将那么多钓钩紧紧包裹住，再加上要经得起向远处甩钩时的冲击力，所以有些垂钓者用糯米粥来拌和多种粮食的粉末，以增强黏合力，但这种黏合力又不能太强，否则炸弹饵在沉到水底后，不能逐渐溶解变小而露出部分钓钩，鱼就不容易将饵钩吸进口内，起不到钓获鱼儿的作用。

2. 糟食装钩法。装钩时，取一团鸭蛋大的糟饵，用手将其攥紧后，掰开，再将用 6 ~ 8 只组钩的脑线，从糟食团的中间嵌入，再把各钓钩均匀地排列在四周，钩尖向内，钩背朝外，嵌入饵团中，呈橘子瓣形，然后拉紧脑线，攥紧饵团，把钓钩藏在饵团中即成。用糟食垂钓应注意所选用的组钩宜小些，拴钩的线宜用多股尼龙软线，鱼在吞吸饵料时脑线柔软，故无明显异物感，使用绿色或褐色的脑线可以增强隐蔽性。将糟食团投入水中，待过 3 ~ 5 分钟，糟食吸进水分后即涨开散落，形成了不透明的雾状，使鱼看不见钩，待鱼儿吸食雾状糟食时，即连钩一起吞入嘴中，无法挣脱。

四、颗粒饵及装钩

颗粒饵为圆柱状，是肥水塘垂钓的主要饵料，因为池塘里的鱼天天吃它，对它有一种信任感而且已经适应它，所以颗粒饵也是主要钓饵之一。但是颗粒饵既干又硬，要想装钩，可采用如下方法：先将单车气门芯剪成小皮筋圈，每个为 1 毫米宽，再将此圈套入铜笔帽的小头，推至笔帽的口部。然后将颗粒饵塞入笔帽，留一半在外面，而后将皮筋圈从笔帽上推下，正好箍在中间。垂钓时，将钓钩钩在皮筋圈上即可（图 3.16）。

图 3.16 颗粒饵套上皮筋

五、模拟饵及使用

1. 模拟饵的原理。模拟饵又称假饵、毛饵、拟饵。之所以称为假饵，是因为它根本不是鱼儿可以吃的饵料，是假的。它是模仿各种鱼类喜欢吃的小动物的外形，如小鱼、小虾、苍蝇、蚯蚓，以及水生小动物和某些动物的外形，人工制作而成的假的钓饵。其原理就是利用鱼类视觉、触觉上的缺陷，引诱其上钩而被捉。因为生性凶猛的肉食性鱼类大都有一种共同的习性，那就是见到它所爱吃的小动物形饵食后，不仔细去识别真假、好坏，就像饿虎吞羊似的猛然冲上前去，大口地将饵食吞食进去，这就正好满足了设计使用模拟饵的垂钓者的愿望。

图 3.17　各种拟饵

2. 模拟饵的种类。模拟饵品种很多，有的大，有的小，有的有倒刺，有的无倒刺，但形状都是仿造鱼儿所喜食的昆虫（包括幼虫、蛹）制作；有的单色，有的杂色；按施钓的水层来分，又有干式毛钩和湿式毛钩两大类。干式毛钩为模拟会飞的昆虫仿造，只有在该种昆虫出现的季节里作为模拟饵，才能引诱鱼上钩，否则效果就不好。这种干式毛钩主要用于浮钓和上层水域拖钓，钓取中、上层鱼类，故又称漂浮毛钩。湿式毛钩又称沉底毛钩，它是模仿蜉蝣幼虫或其他水生昆虫在水中游动的模样而制造的。这种钩毛少、浮力小、钩重，所以会下沉，但又不像沉底钓似的悬在水里或沉在水底等鱼上钩，而是在水的中、下层不断拖动，恰如蜉蝣幼虫或其他水生昆虫在游动，引诱鱼儿抢食（图 3.17~ 图 3.19）。按其在水中被钓线牵动所形成的动态姿势来分，有匙形、转子形、塞子形、乙字形、仿形饵等几种。按其模拟的形状来分，有鱼形、头足类形、小动物（鼠、蛙）形、虫蛆形四种。以其不同的形象，适应钓不同对象鱼的需要。

图 3.18　鱼形拟饵

图 3.19　虾形拟饵

3. 模拟饵的特点。模拟饵之所以能使鱼儿上钩，是因为它们大都有三个特点，一是从形似到神似，也就是从仿真到乱真，这是根据鱼的不同感官功能和摄食习性制造的；二是要在水中运动，使其类似这些鱼类所喜摄食的动物形态；三是拟饵多带颜色，可以此来诱鱼上钩。

4. 模拟饵的使用。用拟饵的主要垂钓对象是海鱼和淡水鱼中凶猛的肉食性鱼类，它们的游动速度相当快。在甩抛模拟饵时，拟饵与竿尖间的钓线长度应根据拟饵的轻重来确定。若拟饵较轻，竿尖较软，拟饵应近竿尖；反之，则应远些，这样便于将其甩远。模拟饵由于形状和重心位置的不同，在拖曳时会呈不同形式的运动。另外，在拖曳时要按照所钓鱼在不同季节水体中的深度，控制拟饵在水中的深浅，不能让其贴底拖动。

（1）按不同的垂钓对象选用不同的拟饵：因鱼种类不同，其嗜好也不同。这样在选用拟饵时就要选用它们爱吃的鱼或小动物的形象拟饵去投其所好，才能以假乱真。如钓哲罗鱼用鱼形拟饵；钓狗鱼用青蛙形拟饵；钓鲈鱼可选用鱼形或昆虫形拟饵；钓金枪鱼、鲨鱼可选用乌贼形拟饵；钓翘嘴红鲌、鳡鱼可选用匙形或鱼形拟饵等。

（2）按季节控制拟饵的运动速度：使用鱼形和小动物形假饵，要按不同季节的水温高低和鱼在水域游动的快慢，去操纵拟饵的游速。在水温较低的早春和晚秋，拟饵运动速度宜缓慢；在水温较高的夏季，拟饵的运动速度要快一些。如果船钓，将拟饵钩投入海水中，船行的速度要和所钓对象鱼的游速基本相同。大鱼发现拟饵，会迅速跟上来，游近拟饵，立刻吞食而上钩。如果在岸边用投竿抛投钓，摇轮收线的速度也要快，接近大鱼的游速，引逗它追逐咬钩。

（3）按水流方向拖拽拟饵：在河川、溪流使用拟饵钩垂钓淡水鱼，垂钓者应站立在岸边的隐蔽地方，将拟饵向水域的下游投掷，然后向上游拉拽。因为所有的鱼类都有逆水上游的习惯，在下游的鱼都会顶水向上游游动；向上游拉拽拟饵正是顺着鱼游动的方向而动，才能引诱它咬钩。

（4）按水位高低选择拟饵的使用钓场：有鱼的水域都在潭底、沉石处和倾斜岸边。水有适当的深度，在春、秋两季水位较低时，钓场可选择曲岸水潭的深水区；夏季水位高时，应选择浅水石底的阴暗处。

（5）按光线强弱选择拟饵：在水面光线暗淡的时候或水深、水色混浊的水域，水中透明度低，为使拟饵醒目，引起鱼儿注意，可选择金、银、浅绿、橙黄等明亮颜色的拟饵，在水中拉拽时会闪闪发光，更能诱鱼前来捕食；而在光线明亮的时候或水浅、水流较小的水域，水色清澈，透明度高，鱼类警觉性强，畏光潜入深水，故应选择墨绿、深褐和带花纹的拟饵为好。

5．我国适合拟饵垂钓的鱼类。

（1）在淡水的湖泊、河川、水库、溪流使用模拟饵，主要是垂钓中、上层贪食的肉食性凶猛鱼，主攻哲罗鱼、雅罗鱼、鳇鱼、鲟鱼、鳡鱼、狗鱼、鳜鱼、鲶鱼、翘嘴红鲌、乌鳢、白鲳、鲈鱼、鲮鱼、虹鳟、草鱼、鲂鱼、鲫鱼、白鲦、胡子鲶、虎头鲨（沙塘鳢）、鲈鱼、鳟鱼、大马哈鱼等。

（2）在海水水域中，主攻鱼种有旗鱼、鲔鱼、鲣鱼、剑鱼、鲭鱼、金枪鱼、红鼓鱼、白带鱼、黑鲷、银鲳、鲱鱼、金目鲈、七星鲈、马鲛鱼、黄鱼、鱿鱼、乌贼、章鱼等。

第四章 钓技钓法

第一节　基本技巧

一、寻找“鱼道”

“鱼道”，是指鱼在水体中活动的路线，要获得较大的收获，就要仔细地观察和判断，找准鱼类经常活动的鱼道，把钩饵抛投到鱼类活动的交通要道上，鱼儿才会连连上钩。

一是找水底地形变化处，即沟河平底时，找寻有小凹槽、有坎、有坡或有锅底形深坑处；地形复杂多变时找一小块平滩、平道。

二是在浅水区垂钓找深坑、深沟；在深水处则选择高台、土坑。特别需要注意的是不可轻易放过坡与平面的交界处，这里多是鱼的必经之路。

三是在水面宽阔的河道水域垂钓，要找寻较狭窄的地段，在平整的岸边要找凹凸的部位。

四是在平静的水域找流速稍快的一边，在急流的水域垂钓，如江、湖、河、水库，要选择在稳水的上游比稳水稍急、比急流稍缓的位置，也可选择拦河堤坝或漫水桥的下游。这些位置不仅浮鱼较多，而且有顶水鱼，尤以深水域的鱼更喜欢在这些位置聚集、觅食，即是“急中稳”的结合部（图 4.1）。

图 4.1　水库坝下是鱼道

五是三汊河道口，一条河分成两条河的分汊口，即拐弯处的深水域，以及两条河汇合成一条河的汊口进入急流的结合部，均是鱼道。

二、识别鱼星

鱼星，是指鱼儿摄食时，从嘴中吐出的串串气泡。有经验的钓鱼高手，往往很注重对鱼星的识别，他们从水中有没有鱼星、鱼星的大小和形状，就能判断出水中有没有鱼，或是鱼儿的大小和品种。在鱼儿聚集很多时，窝点像开锅的米粥一样，一个劲地冒泡，这就叫发窝。所以钓鱼高手说：见着鱼星，就是见着鱼儿；由于不同鱼的吃食习惯不一样，所以鱼星也各有不同。

1. 鲤鱼鱼星。鲤鱼的鱼星泡体较大且密集，就像是开水锅中的气泡，每吐一次，少则二三十个，多则四五十个。在气泡上升时，有混浊现象，移动方向明显，时有腐草败叶和青苔浮上。如气泡群直径在 15 厘米左右，说明是重 1 千克左右的鲤鱼；若气泡团只有碗口大小，可能有 2 ~ 3 千克重；气泡群有小脸盆口大，往往是一条重 5 千克以上的大鲤鱼。

2. 鲫鱼鱼星。鲫鱼每吐一次鱼星，只有一大一小两个气泡。在有沙石的池底，常常可见到有单个、双个气泡冒出，说明水底有鲫鱼，若气泡较大，说明鲫鱼较大。气泡的大小决定鲫鱼的大小，一般为 1 ~ 2 毫米，50 克的鲫鱼鱼星如绿豆大，500 克的大鲫鱼鱼星有蚕豆般大。

3. 草鱼鱼星。草鱼的鱼星常见的有两种，一种是单个大气泡，大得像算盘珠子，这一般是 3 ~ 5 千克重的大草鱼的鱼星；另一种是间断地冒出一二十个如玉米粒大小、比较均匀的较小鱼星，这一般是 1 ~ 2 千克的草鱼鱼星。1 千克以下的小草鱼吐出的鱼星，只有绿豆那么大。

4. 青鱼鱼星。气泡密而小，呈细珠状。泡大小均有，数量很多，位置经常变换，有时还伴随有浮起的植物碎屑，所以有经验的钓手，称青鱼星为碎星。若是 1 千克以下的小青鱼，只有很少的一些泡沫冒上水面；若见中等数量的泡沫团，则为 2 ~ 3 千克的个体中等的青鱼；若有很多积聚成一团团、一簇簇鱼星集合体，则可能是个体很大的青鱼，一般在 5 千克以上。

5. 鳝鱼鱼星。鳝鱼将头伸出水面呼吸空气，吐出泡的个体如豌豆大，一次会吐三四个。

6. 鳊鱼鱼星。单个上浮，常常只有 3 ~ 5 个气泡，每个气泡出现的时间间隔大约为 2 秒，250 克左右的鳊鱼可冒出直径 5 ~ 6 毫米的气泡。

7. 翘嘴红鲌鱼星。以绿豆般大小单个小泡鱼星较多见，若窝里有十几个小泡不断泛冒，肯定有一群小翘嘴红鲌在觅食。

8. 鲢鱼、鳙鱼鱼星。养殖鱼塘的鲢鱼、鳙鱼的鱼星，气泡大小不均匀，大的似乒乓球。

9. 乌鳢鱼星。乌鳢的鱼星小而密，上升较快，呈长条形，消失也较快。

10. 鲶鱼鱼星。鲶鱼的鱼星呈条状，密密麻麻，又细又多，不断移动。

11. 甲鱼鱼星。甲鱼的鱼星是其在水底爬行时产生的，鱼星密集，呈双行带状或圈状，大小不等，移动缓慢。

12. 泥鳅鱼星。泥鳅的鱼星密而细，成串上升，呈泡沫状。

三、判断鱼情

1. 看水纹。水纹俗称水浪。在无风或风平浪静时，水面平如镜面，看不到小鱼活动，水下可能无鱼、鱼少或鱼不吃东西。如水波粼粼，水面不时漾起涟漪；有鱼打出水花、漩涡；或追逐嬉戏，时而跃出水面，表示水下的鱼很多；水面游动嬉戏的小鱼突然受惊，四处逃散；或水面有隐约的波纹，多是大鱼活动觅食所致（图4.2）。

2. 看水色。俗话说，水清无大鱼，浑水好藏鱼。水过清多是无鱼或鱼少，在沟河中垂钓，适合垂钓的水色多呈淡绿色、淡蓝色或淡青色，如果水草很多则水色比较清淡。池塘中最适宜的水色是淡白色、淡褐色、淡绿色，或清中略带点浑。水色太浑，多为暴雨洪涝之后，鱼看不见食饵，不宜垂钓；水色太清，如果水浅又没有浮萍、水草等隐蔽，鱼容易看见人和鱼竿的影子，不敢前来摄饵，极难钓获（图4.3）。

3. 看水草。鱼类大多与水草有缘，这不仅因为有些鱼以草为食，还因为鱼类所需的美味佳肴大多栖身于草丛之中，或黏附在茎叶之上。看水中有无水草长出，水草茂盛，说明食草性鱼少。看水草的痕迹，如果水草头残缺不齐，草茎漂浮，表明食草性鱼类较多；寸草不生，表明食草性鱼很多，水草已经全部被吃完。水草的

图4.2　水波粼粼好钓鱼

图4.3　淡绿色的水色好钓鱼

草叶振动，草丛中必有鱼栖聚，是垂钓的理想场所。

4．看小鱼。如果岸边有“万年鲹”等小杂鱼游动，说明一定有其他鱼类活动，而且小杂鱼越多，说明其他鱼儿也越多，可以垂钓。

5．识鱼星。鱼星是鱼在底层觅食时吐出的气泡浮到水面所致。鱼越大，气泡越大，上浮速度也越慢。不同的鱼有不同的鱼星，详见前文。但要注意鱼吐气泡与自然气泡的区别：自然气泡是沼气所致，一般出水即破，没有动感，有时成串冒出，持续时间长；鱼泡冒出没有规律，不会立即破裂。

6．试水温。在一天之中，由于太阳的照射，昼夜的温差也不一样。水温的变化，是鱼儿是否出来活动觅食的主要原因。鲫鱼、鲤鱼、草鱼等鱼类生长的最佳水温是15 ~ 30℃，在这个水温范围内，鱼儿活跃，食欲旺盛，贪食易钓。如果水温低于5℃或高于30℃，鱼儿就极少觅食活动，不宜垂钓。

7．闻水味。垂钓之前，迎风站或蹲在岸边（俗称下风口），闻一闻从水面上吹来的风有无鱼腥味，或用手捧水闻闻有无鱼腥味。鱼腥味越浓，表明鱼群留下的黏液分泌物所形成的泡沫就越多，鱼也就越多；反之，则无鱼。

8．听水声。具有一定垂钓经验的人都知道，根据鱼跳跃时伴随的击水声，可以判断鱼情和鱼的种类，听鱼儿吃草发出的“嚓嚓”声和大鱼追捕小鱼发出的“扑通”声，有声则有鱼，无声则少鱼或无鱼。不同鱼种在水域中起跳的姿态、声音各异，有经验的钓鱼高手根据鱼起跳的姿态和声音可识别该水域有什么鱼。鲢鱼跳起用尾部击水发出“啪啪”的响声，击水声清脆，浪花小，消失快；鲤鱼腾跃全身离水，入水时摆尾击水发出“噼啪”声；鳙鱼起跳半身出水，头部入水发出“咕嘟”声，声大而闷，浪花大，消失快。若鱼成一路纵队越跳越远，且速度快，动作敏捷，表明是流动性鱼群，宜浮钓；若鱼群跳跃的方向不一，动作较慢，或在原地游来游去，则属定居性鱼群，适于垂钓。

9．看水鸟。鸬鹚、水鸭、白鹭等都是专食小鱼的鸟类，垂钓者来到湖泊、河流，如果见到栖息在水草边的水鸭、白鹭等突然起飞，或看到白鹭在水面的上空盘旋、翱翔，鸬鹚、水鸭在水面戏水，说明此处的鱼儿较活跃，适宜下钩垂钓。

四、准确掌握手竿提竿时机

1．要注意鱼的吃钩方式不同提竿时机不同。方法是：

（1）鲫鱼摄食时俯头翘尾，吸入口内抬头上游，漂的反应是轻微抖动，明显上浮。钓鲫宜在漂缓缓上浮时提竿。

（2）鲤鱼摄食谨慎，食前先品尝一番，感到无异物时，才吸入口中，摄食后即游走，漂的反应是先晃动几下，后大幅度下沉，漂没顶时提竿则可命中。

（3）草鱼摄食先缓后急，开始慢慢品尝，随后将饵吞入口中拉着走，漂的反应沉多于浮，等漂全部没入水中一两秒提竿为适合。

（4）青鱼摄食凶猛，见饵就吞，吸入嘴内，含着就走，漂的反应是急促上下大幅度抖动，继之迅速斜移下沉，这时提竿即得鱼。

（5）罗非鱼贪食，咬到饵料不松口，漂的反应是急促上下抖动，继而不动，或上升倾斜，此时提竿十拿九稳。

（6）鲢鱼、鳙鱼在春、秋季摄食时将饵料叼在口中，漂的反应为轻微晃动，此时应立即提竿；盛夏时鲢鱼、鳙鱼咬钩叼着饵料扭头就跑，漂的反应为拉黑漂，此时应立即提竿。

（7）鳊鱼摄食动作类似鲫鱼，漂的反应为急促上下抖动，很快上升，以至倾斜横在水面，此时提竿即可钓获。

2. 要注意季节不同提竿时机不同。初春鱼儿摄食时，口张得小吃得轻，漂抖动也轻慢，有时不太明显，抖动即可提竿；夏、秋季，鱼儿摄食凶猛，漂抖动速度快，斜移、下沉（或上送）时，可提竿；冬季，鱼儿摄食减少，漂抖动即可提竿。

3. 要注意水的深浅不同提竿时机不同。在1米以内的浅水垂钓，漂与钩、坠的距离短，鱼吃钩，漂马上往上送（或下沉），提竿宜迟些。在2米以上深水垂钓，漂与钩、坠距离较长，鱼吃钩，漂上送（或下沉）则慢，漂稍上升（下沉）就提竿。

4. 要注意钓饵不同提竿时机不同。素饵，质软体小，易吸入鱼嘴，漂抖动几下，及时早提；荤饵，耐咬，漂抖动上送（或下沉）后，可稍迟提竿。

5. 要注意脑线长短不同提竿时机不同。用长脑线，鱼吞钩动作反映到漂的时间要长些，提竿宜迟；短脑线，鱼吞钩动作反映到漂的时间短，提竿宜早。

6. 要注意坠的轻、重、高、低不同提竿时机不同。一般卧钩用重坠，立钩用轻坠，静水用轻坠，流水用重坠，浅水用低坠，深水用高坠。坠重，漂上送幅度低，提竿相对要早一些；坠轻，漂上送幅度高，提竿宜迟些；坠高，提竿宜早；坠低，提竿宜迟些。

7. 要注意水域不同提竿时机不同。鲫鱼在不同水域摄食有四种反应：送漂、黑漂、浮漂点动和浮漂移动。肥水水域，鲫鱼吃饵慢、送漂缓且低；瘦水水域，送漂快且高；静水鲫鱼多送漂；流水多为黑漂。常有人垂钓的水域，鱼钓猾了，多为点漂或送漂缓慢或漂平移；少有人钓过鱼的水域，送漂极为典型，不同的水域，漂相也不同，提竿的时机也各有不同。

8. 要注意鱼的大小不同提竿时机不同。小鱼摄食漂有两种反应：一是漂上下反复抖动，因抢食而又吞不进口；二是拉动的幅度大而快，有时拉着就走。大鱼吃钩稳健有力，漂上送、下沉比较缓慢。

9. 要注意鱼的饥饱不同提竿时机不同。鱼饥饿时，见饵就吞，漂的反应又快又猛；鱼儿饱时，见饵后似食非食，漂的反应不大。

10. 要注意单游、群游不同提竿时机不同。单游鱼吞食速度缓慢；群游鱼，见食相互争，吞食速度就快。

11. 要根据浮漂变化确定提竿时机。

（1）若钓钩刚入水，浮漂就被猛地拉入水中，然后又从较远的地方冒出水面，然后又猛地入水，浮漂又迅速地浮出水面，很可能是很小的鱼打搅，闹窝。

（2）浮漂有力地向下一拖，再一拖，然后浮漂慢慢上升一目或二目，是鱼儿已上钩最典型的表现，应及时提竿。甚至当浮漂有力地向下一拖、再一拖时就可以提竿，但提竿时要靠手腕、手臂的力量，将鱼竿向上一拖，力量要有节奏，动作短促，其目的是让鱼钩迅速钩住鱼嘴，节省鱼儿咬饵的时间。这是主动“出击”，不是等浮漂上浮了再提竿。

（3）若钓钩刚入水，还未沉入水底之前，浮漂在水面呈横平状态，这是鱼儿在水的中、上层就将鱼饵吞食了，应及时提竿。

（4）抛线后，浮漂没有向下托的现象，第一现象是上浮，且无短促有力的表现，多半是鱼身擦钩，或是鱼儿拱食钓钩附近散落的饵料，不宜提竿。

（5）鱼钩入水后，浮漂不是向上、向下有力地浮沉，而是呈螺旋状摇晃，多半是黄鳝在咬钩，要等 10 秒后再提竿。

（6）鱼钩入水后，浮漂很慢地匀速向水中慢慢沉没，或向别处渐沉渐移动，多半是虾咬钩，要慢慢提竿。

（7）鱼钩入水后，浮漂向下有力一拖，就浮出一目或二目，或呈歪斜状，这是大鱼咬钩的信号。鱼大，劲大，嘴大，咬钩干净利索，一下就将钩吞入口了，可迅速提竿。

（8）浮漂先向下拖，再向上浮出一些，然后又有力地沉入水中，再也没见浮出，这多半是草鱼、鲤鱼咬了钩，应立即提竿。

（9）浮漂轻微晃动，然后慢慢向上浮出一目或二目，再也不见浮漂上升或下沉，这是钩上的鱼饵被鱼撞落，鱼钩无饵，其下坠力减小，浮漂自然上浮，这时要提竿换饵。

（10）浮漂下沉不明显，后慢慢上浮三目或四目，甚至五目，然后不再下沉，这是鱼吞食了鱼钩上升送钩的信号，要立即提竿。

（11）浮漂有规律、小幅度地一沉一浮，下沉、上浮的距离一样，多半是波浪带动浮漂的上下波动，不是鱼儿咬钩的信号，不要提竿。

（12）钓钩刚入水，浮漂就慢慢上浮一目，然后又上浮一目，不见下沉，也不见平着水面横躺，这是钓饵在钓钩入水后就脱落了的现象，应及时提竿重新挂饵。

五、插竿方式

海竿垂钓时，由于海竿一般不用鱼漂，钓点又远，一位钓手同时要抛投好几根鱼竿，所以海竿一般都有竿架。其插竿方式有三种：立式、斜式、卧式。

1. 立式。即海竿直立在岸边，与水面垂直。这种插竿法，操作起来不大方便，有风时摆动较大，而且立不太稳，抗风能力也较差。

2. 斜式。这是最常见的一种插竿法，海竿与水面有一个 30° ~ 60° 的夹角。这种斜插，无论是插竿、紧线还是提竿，操作起来得心应手，比较方便，也好观察鱼情。上钩后，竿梢的反应也很灵敏。斜插法在 1 ~ 2 级风时还行，一旦风大了，抗风能力就比较差。

3. 卧式。卧式插法，使用得不多，具体操作又可分横卧式和直卧式两种卧法。

如果比较一下三种插竿方式，以卧式好于斜式，斜式又好于立式。

六、正确遛鱼

要遛鱼，首先要了解自己钓具的综合钓力，即钓竿能承受多大拉力、钩和线的拉力如何、绕线轮上有多少线等，这些情况是确定遛鱼对策的前提。

在大鱼上钩后要头脑冷静，镇定沉着，不慌不乱。运用所掌握的横“8”字遛鱼法、圈式遛鱼法或牵制遛鱼法等耐心遛鱼，就可以将鱼制服。抬竿后立即使钓竿形成 45° 角，这是大鱼上钩后的关键环节。遛鱼提竿时，要一手在上、一手在下握住竿柄，动作要有韧性，不能忽快忽慢、忽重忽轻，要主动领鱼，千万不能让竿倒向鱼的逃窜方向而形成拔河态势。领鱼游动的运动轨迹要呈圆弧状，使其不知不觉地改变游动方向；钓线移动的速度要快于鱼游动的速度，让鱼跟着钓线游。这是控制鱼游向的关键。这样反复引遛，直到鱼疲乏无力、露出水面，然后把鱼控制在自己能把握的范围内，不让它向水域深处远游，用竿绷住钓线领着鱼沿着岸边游。遛到一定程度，直到鱼已无力挣扎任钓者摆布时，再有意地慢慢加力并将竿抬高，将鱼头提出水面呛水，直遛得鱼已难以维持自身平衡，侧身歪倒、肚皮朝天才可将其遛至近岸，遛鱼结束后，快速将鱼装入鱼护（图 4.4 ~ 图 4.9）。

七、科学抄鱼

准备抄大鱼用的抄网，网圈要大一些，网圈用的金属手柄要求粗硬结实，要装得牢固可靠，防止在抄进大鱼时，受到鱼的大力挣扎被挣弯挣断而跑鱼。

在准备垂钓大鱼之前，要事先将抄网打开，放在距离身边不远的位置。

在发现大鱼上钩时，要沉着冷静，不能紧张，越紧张，就越会手忙脚乱，导致遛鱼不得法，反而会造成跑鱼的结果。有的钓者看到钓到大鱼，心情激动，不由得手忙脚乱，殊不知这是抄鱼之大忌，十有八九会跑鱼。因此，动作稳当很关键，要

图 4.4　鱼刚上钩

图 4.5　向左侧遛鱼

图 4.6　向右侧遛鱼

图 4.7　牵鱼走

图 4.8　让鱼呛水

图 4.9　鱼被遛疲后拉到岸边

坚持牵鱼就网，不能移网追鱼，可将抄网沉于水中，沉网等鱼，待鱼经过此处，顺势抄之。

遛鱼必须把鱼遛得真正疲乏，直至肚子翻白，无力挣扎，浮在水面不能再蹦跳或蹿动时，才能开始抄鱼。钓者将鱼拖拽到岸边，将鱼头对准抄网口，顺势将抄网向前一伸，将鱼抄入网中。抄鱼时一定要争取一次成功，不能提着抄网乱抄乱捅。在鱼被抄入网后，要及时放松钓线，防止已经进了抄网的鱼，又被绷紧的渔线拖出网外而跑鱼。将鱼抄入网后，不要立即将鱼提离水面，应该借着水的浮力将鱼拖近岸边，再用手抓住网圈拎鱼上岸。因为大鱼体积大，重量也重，要从较远的水域离开水面将抄网连同鱼一起端上来，不但垂钓者没有那么大的手劲，即使有手劲，网柄也承受不了那么大的分量，很可能会使网柄折断或使网、柄交接处脱离而跑鱼（图4.10～图4.12）。

图 4.10 先将鱼遛累

图 4.11 将抄网入水迎着鱼头

图 4.12 抄住鱼拖上岸

八、识别鱼不咬钩的原因

1．从水情方面找原因。

先考虑一下想要钓的是哪种鱼、这种鱼常栖息在水体的哪个层次，如果这种鱼是底栖鱼类，把饵钩下在上层或中层，当然就不易和鱼群接触。若是这个原因，可立即移动浮漂位置，改变下钩的层次。

水质的肥瘦与鱼的食欲有很大的关系，此时应察看一下水体的颜色，水体若是呈绿褐色，说明水质太肥，这种水中浮游生物数量很多，且会在水面上浮罩着一层薄膜式的杂积层，阻隔了空气中的氧气溶于水体，使水中缺氧，在缺氧的情况下，鱼儿会憋闷难受，根本不想摄食（图4.13）。

若水色显得很清澈，透明度很高，一眼可望见水底，则说明此水域的水质太瘦。太瘦的水中，藻类植物和微生物难以生长，即使有鱼，也不会很多。而且这样的水域，在有人去垂钓时，鱼儿在水中能看得很清楚，早就吓跑了，当然没有鱼来上钩了。

2．从水温方面找原因。

鱼是变温动物，其体温随着水温的变化而变化，水温与鱼的活动和摄食有着极密切的关系。在夏季，若水温高达30℃以上时，除少数几种鱼类外，绝大多数鱼类都会停止摄食；在严寒的冬季，水体上层的水温甚至会降至0℃，但水底的温度仍较高，鱼儿一般都躲入水底避寒，并处于冬眠状态，不再进食。由于天气变化和水的深浅，适合鱼的水层也就不同。即使是同一天，上午、中午和下午，鲢鱼、鳙鱼所处的水层也不一样。要根据水温的变化灵活掌握。

图 4.13　这样的水就不会有鱼咬钩

垂钓者可以估量一下，当时的水温情况如何，若该水域水温确实过高，可立即换到有遮阳的树下，以及有凉风吹到的水域去垂钓；若水温较低，可改在向阳或背风的水域去垂钓。

3．从气候方面找原因。

鱼是变温动物，对气候变化十分敏感。如天气骤冷骤热，天气闷热，天气过冷、过热等反常天气，另外大雷雨前、强台风后、西南风起、大雾天等恶劣天气，鱼儿也是不爱咬钩的。

在雷雨到来之前，出现闷热天气，气压降低，水中就会严重缺氧，使鱼在水中呼吸困难，鱼在难以忍受时，会把头浮出水面来吸氧，在这种情况下，当然谈不上咬钩摄食了。

在连续下了几天雨之后，地面大量的雨水都流进了江河池塘、湖泊之中，导致泥沙增多，使水体混浊不洁，也会影响鱼儿觅食的兴趣。此外，在大量的雨水流入之后，同时也带来了大量的食物，鱼儿随处都有食物可吃，对垂钓的饵物，当然就会不屑一顾。

4．从钓饵方面找原因。

在不同的气候下，水温各不相同，因而鱼儿对摄食的喜好会有所改变，特别是在不同的水域中。即使是同一个鱼种，喜好的食物也可能是不同的，甚至在同一个池塘或湖泊中，隔开一段距离，两处鱼儿的口味也会有所不同。因此，鱼不上钩的原因，很可能是所用的钓饵对该水域的鱼儿毫无吸引力。

为了避免这样的情况发生，垂钓者每次出发垂钓之前，都应多备一两个品种的钓饵，若在下钩后多时不见有鱼光顾，可采用其他品种的钓饵。

另外诱饵的色、香、味不应超过钓饵，以免降低钓饵的诱惑力。如果使用的钓饵与诱饵相同，应把诱饵弄得比较细碎或掺上适量泥沙再投放。这样做的目的很明确，一旦把鱼诱来，使它不容易吃到诱饵，而将其注意力转移到钓饵上。另外，在投撒诱饵时应当注意，不要撒得过于分散，量也不宜过大，以免鱼的注意力集中到诱饵上，使钓钩上挂的那点儿饵食变得毫无吸引力。鱼对异味较敏感，再好的饵料只要变味它就不吃。

5. 从钓点上找原因。

各种不同的鱼类，所栖息和活动的水层以及对环境的要求是不同的。它对觅食区域和出入的通道都有一定的喜好和习性，如果没有考虑到这方面的因素，随便找了个不适当的钓点，就不会有鱼儿上钩(图 4.14)。

图 4.14 这样的钓点也不会有鱼咬钩

鱼类一般都会选择比较隐蔽的地方活动或栖息。水下的沟沟坎坎、凹凸不平地带、砾石成堆或杂草丛生的地方、水下有裸露的树根之处、沉积杂物很多的地方，往往成为鱼类过往的“鱼道”或栖息地。只有把钓点设在上述这类地方才能觅到鱼踪，若选择不当，则难有收获。因此，在确定钓点时，一是要依照选择钓点的原则和要求来选；二是在选定钓点之后，还应环绕这个钓点的周围，每隔 5 ~ 10 米的距离多打几个窝子。这样，在遇到鱼多不上钩时，就可以及时转移阵地，到新钓点重新下钩。

6. 从其他可能的方面找原因。

如果上述各种原因都被否定，就可能有别的原因，例如，有不少鱼是怕强光的，若在强光下垂钓，这种鱼就不会出来咬饵；有些鱼是忌风的，若在有风的水域下钩，它也不会光顾；有些鱼是爱静而害怕声音惊扰的，若在喧闹的地方也无法钓到它；有些鱼喜欢在比较隐蔽的地方摄食，若在没有水草或其他可以让鱼隐藏的水域是难以引鱼上钩的。还有，如果所选的钓点，太阳的照射使垂钓者的影子落入水中，水中的鱼就会吓得逃之夭夭。在繁殖期间鱼不咬钩，特别是鲤鱼和狗鱼，表现较为明显。

前者在产卵期不喜进食，后者在交尾期不咬钩。

7. 应对鱼不咬钩的方法。

（1）了解信息：池塘鱼种不同，喂养方法各异，用不同饲料喂鱼，把鱼养成了不同的口味。若想钓鱼须投鱼所好，全靠掌握喂鱼信息。

（2）试钓各个泳层：春、夏之交早晚温差较大，早晨鱼大多数都潜在较深的水下，这时施钓咬钩率较高；到上午 9 ~ 11 时，这时的外界温度较高，水体上下出现明显的温差，鱼会趋温上浮，或悬浮在钓点的上方，这就需要钓手悬钩试钓不同的泳层，以找出鱼上浮的高度，使钩饵能展现在鱼的视角之中，一旦找准鱼所上浮的泳层，鱼仍是会咬钩的。因此，垂钓时鱼不咬钩就应尝试钓不同的泳层，采取逗钩、拖钩、引钩等不同的手段。

（3）换饵：垂钓之前，一定要多准备几种饵料，可以在鱼不上钩时，每一种都试一下，以每 20 分钟换一次，从中寻找出最佳饵料。一是饵料不太适合鱼的胃口，应考虑改变鱼饵，或在鱼饵中添加腥味或香味料来刺激鱼的感官，激起鱼的食欲。二是改善钓饵的质量，将钓饵做得更香甜、更符合鱼的胃口，就能激起鱼的食欲。三是改面食为活饵，用新鲜饵料引鱼上钩。手竿钓饵，每隔 5 分钟左右换一次，试用 30 分钟；海竿炸弹饵，20 分钟换一次，可试用 1 小时。

（4）用饵：用饵须投其所好，比如乌鳢，用蚯蚓、蛆虫去钓，上钩率就差，用活的泥鳅等小鱼虾去逗引，它就很快吞食；再如草鱼，用面饵去钓，效果不佳，用苇心、青草去逗引，它拖了就走；有的还须配制特殊饵料，比如鲢鱼、鳙鱼，较喜酸食还带点儿甜味的雾化饵，用面食或其他钓饵，常会落空。

（5）试钓不同类型的钓点：如果选择的钓位处无鱼或暂时无鱼，或水底有草，鱼钩落不到水底，选定钓位后就应试试远、中、近、左、右的钓点，多打几个窝子。如果有鱼咬钩，就应原地不动。如过了 2 小时还是没有鱼咬钩，要更换、重选新钓位，需要全面地观察钓域情况，而且选几个钓点勘察一番择优选择，确认有更好的钓位才换。

（6）改变垂钓技法：改等鱼上钩为找鱼下钩和逗鱼咬钩，使死饵变活，这种钓法有人称之为“动态垂钓”。这种钓法的首要前提是钓饵要经得起移动而不散开，可以直接用蚯蚓、颗粒饲料等不易化开的钓饵；逗钓的方法就是牵动钓饵逗鱼，引逗它咬钩。

（7）白天钓改为夜钓：夜钓所采用的钓竿、钓组、饵料等与白天相同，由于夜间环境宁静，所以采用的铅坠尽量小，就算抛投钓铅坠也不要太大。

九、鱼脱钩的原因及预防措施

所谓脱钩，就是在提竿时感到鱼儿在下面震颤，甚至钓竿弯成弓形，但瞬间鱼儿就逃之夭夭，这是钓者们最感遗憾的事了。

1. 提竿时机不当。钓鱼时准确地把握提竿时机，是对钓者垂钓技术的真正考验。提竿过早，饵钩尚在鱼嘴外或鱼嘴边，钩不牢鱼唇；过晚，饵钩已被鱼儿吐出，也难以钩牢鱼唇。因此，合适的提竿时机应是饵钩进入鱼嘴的时刻。

2. 操作方法不当。提竿时，钓竿猛抬，由于用力过大，而把鱼嘴拉豁，鱼儿脱钩而去。还有的钓友钓到大鱼时大力提竿，往往容易断线折竿。正确的提竿方法是：将握竿的手腕向上抖动一下，使饵钩快速上升 20 ~ 30 厘米，饵钩最好不要出水，在抖竿的瞬间，钓钩即将鱼唇钩牢。然后再根据鱼的大小来确定起鱼方法。

3. 钓钩问题。

（1）因钓钩的种类很多，垂钓时应根据水域中可能钓到鱼的不同种类和大小来选择适当大小的钓钩。若用小钩钓大鱼，容易吐钩，也难以钩透鱼唇，易于脱钩；若用大钩钓小鱼，鱼难以吞下饵钩，也易造成脱钩。

（2）钓钩的质量也甚为关键，钩尖与倒刺的距离不能太近，过近也易于脱钩。钩尖的锋利程度和脱钩与否也有密切的关系，钩尖不锋利，虽钩住鱼唇，但穿不透鱼唇，鱼儿很易脱钩。

（3）钓钩的拴法亦很关键，拴钩时，一要拴得牢，钓线不得自钩端松脱；二是拴好的钓钩提在手中应为垂直状态，不得往一侧歪斜，否则鱼儿咬钩时，因角度不对也易于脱钩。

4. 钓线问题。垂钓时应根据鱼的大小不同采用不同线径的钓线。一般是钓线越细，鱼儿越不易察觉，越易上钩，但是钓线过细，若钓稍大的鱼，便会造成线断鱼逃；钓线质量不好，粗细不匀，抗拉强度差，也易于断线；钓线若使用过久，局部老化或受损，也易在薄弱处断裂。因此，应定期检查钓线，在钓线用了 2 ~ 3 年后，应全部更换新的钓线。

5. 过线圈问题。海竿和手、海两用竿均装有过线圈，钓线在出线和收线时都要在其中滑过。由于长期使用，若过线圈质量不好，其内侧常会磨出一道浅沟。这道浅沟使钓线的磨损加剧，使钓线的抗拉强度大为降低，使在提鱼时发生线断鱼逃。因此，对过线圈要经常检查，已磨损的过线圈要及时更换。

6．坠的问题。坠过重，鱼咬钩后无反应或反应迟缓，提竿过慢。坠过轻，鱼讯太明显，常常提竿过早。

7．漂的问题。如果漂的浮力太小，鱼讯反应迟缓，提竿不及时。如果漂的重心偏离，不能直立水中，斜向漂反映的鱼讯失真，提竿难以掌握最佳时机。

8．饵的问题。一是饵没挂在钩尖上，鱼咬钩时钩尖没有入口。二是饵太大，鱼只能咬住一部分。三是饵太长，鱼咬住的是钩外部分或只将部分钓饵吸入。四是饵太厚实，钩尖没有外露，无法深刺鱼嘴。

9．主观原因。

（1）经验的问题：遇到大鱼中钩一时不知如何处理，既不清楚各种大鱼中钩后所采取的不同的表现，也不知道遛大鱼的各个阶段的特征与步骤，同时也没掌握各种应急的处理方法和技巧，都是缺少经验的表现。

（2）技术的问题：具体方式、方法的不得当，是应该引起高度注意的大问题。比如提竿时扬竿动作太大；提竿的时机过晚而且动作过猛；手中鱼竿遛鱼的角度过大，钓线绷得过紧；绕线轮曳力旋钮打开得过松或者过紧不适度；收线放线的时机不恰当，等等。

（3）心理的问题：心理因素造成跑鱼的情况很多，主要是平时精神准备不足，缺乏遇到类似情况的心理锻炼。一旦遇到大鱼上钩，从鱼铃响起，手感沉重开始，就马上兴奋起来，并且由兴奋直接过渡到紧张状态，这种紧张的情绪一直伴随从起竿到把大鱼抄进抄网的始终。事实证明，这种心理状态最易导致跑鱼。只有做到紧张而不慌张，激动而不盲动，才能在大鱼中钩时操控、应付自如。

第二节 在不同水域中的垂钓技巧

一、肥水钓鱼

生长在肥水环境中的鱼，因其饵料丰富，整天处于饱腹状态。在这样的坑塘垂钓，鱼对于钓饵异常挑剔，一般对针对性不强、无特殊气味的饵料根本不闻不问。在肥水塘中钓鱼最关键的是择天、选点和用饵。

1. 择天。到肥水塘进行垂钓，一定要避开闷热天气，选择雨后有风的日子，或者是放入新水的时间。由于风雨天或注入新水，使水域中增加了新鲜的氧气，带来了丰富的食物。此时鱼儿活跃，四处觅食，格外好钓。因此，下雨后的一两天内是钓鱼的大好时机。

2. 用饵。在肥水坑塘垂钓，必须针对不同坑塘的具体情况，配制不同的鱼饵。比如有的坑塘在饵料中加些钓鲫鱼或鲤鱼用的香精就能上鱼，有的坑塘用较酸的钓饵鱼才上钩，有的坑塘就复杂一些，颗粒料要用啤酒泡碎，加优质曲酒、蜂蜜和适量的玉乳香快餐粉等，鱼才肯吞饵。若钓鲫鱼，钓饵以胡豆粉、米饭、米粉、面饵为好；若钓鲤鱼，钓饵以甘薯、米饭、米粉、颗粒饲料为佳；若钓草鱼，钓饵以甘薯、玉米粑、草尖为宜；若养鱼户经常投放啤酒糟喂鱼，则用啤酒糟中烂的玉米粒、小麦粒钓鲤鱼、草鱼效果更佳。远钓不行，就改钓近水；钓沉水不行，可改钓浮水。总之，饵料不论香、甜、酸、臭都要浓淡相宜，添加剂掺多掺少应恰如其分，才能打开肥水塘中鱼的“金口”（图 4.15）。

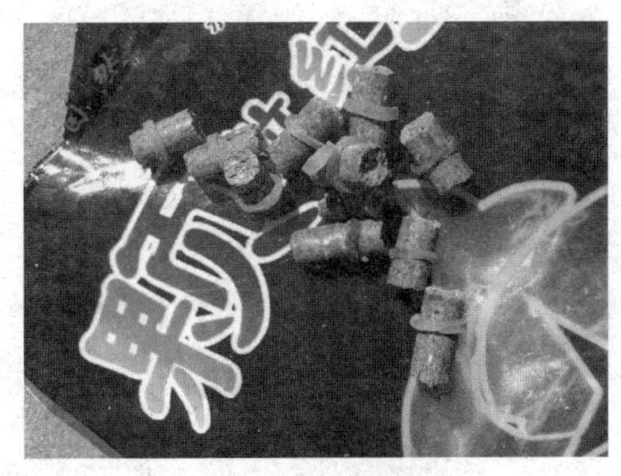

图 4.15　肥水塘常用饵

3. 选点。每当下了中雨或大雨之后，进、出水口有水流动，氧气比别的地方充足，鱼儿喜欢在这些水域游动、觅食。因此，在进、出水口的两侧下钩颇有收获。另外，可以在增氧机周围的水域施钓，因为增氧机的周周水下都挖有一圈凹槽，这里的氧气比别的地方多，水也比别处深，鱼儿喜欢在这里栖息和觅食。

二、溪河汛期垂钓

每当雨季，溪河进入汛期，河水由清澈变得浑黄，尤其洪水暴发时，河水猛涨，泥沙俱下，浑似泥汤。

溪河汛期的基本水情是：水浑浪涌急流处沙石翻滚，声若奔雷；缓流处多浮沫、淤柴。但是，雨水和漫水也会将大量的鱼食带入河里。

溪河汛期的基本鱼情是：鱼正处于旺食期，摄食积极，但嗅觉和视觉都会受到影响，在喧嚣的河水中不再胆小，吞食猛，少试钩。为觅食和避浪，离开原栖息地，小鱼多遛边，大鱼则散滩或滞湾。如能针对变化了的水情和鱼情及时变换钓技钓法，不仅可以钓到鱼，而且还会钓获颇丰（图 4.16）。

图 4.16　溪河汛期垂钓

1. 洄水湾钓大鱼。溪河涨水，奔腾的激流一旦受阻后会形成洄水湾。这些洄水湾大多一侧是急流，另一侧是洄水湾，大鱼会在此滞留。选择洄水湾垂钓有两种钓法：一是海竿串钩放线钓。钓者站位贴近流头，持竿就近将钩线抛入流边，让钓线沿流边向下游冲去。钓者随钩线走势利用渔轮的逆止装置放线，到一定距离时再将钩线收回，在放收钩线过程中，如有鱼索饵吞钩即可钓获。二是用手竿钓洄水的漩涡静水区。其技术要点是：用重坠、活坠、大筒漂，沉底钓。在洄水湾垂钓，鱼的个体相对较大，所以不论是抛竿钓还是手竿钓，都要用粗线大钩。浑水钓鱼宜用荤饵，如蚯蚓、蚂蚱、蟋蟀、豆虫等。使用蚯蚓时，最好鲜活并整条挂钩。荤饵有韧性，耐水流，适应面大。

2. 水边蘸钓小鱼。约 50 厘米长的细木棍一根用作钓竿，蚯蚓若干，捆扎绳若干。带上这些钓具来到河边，先觅一水深在 40 ~ 60 厘米，最好是岸边凹入的小水湾，然后将蚯蚓捆扎在木棍的一端，手捏钓棍的另一端，坐在河岸，将木棍垂直插入河中。当感觉水底的棍头出现抖动时，迅速提起木棍，鱼儿便叼着蚯蚓被提至水面，钓者随即将鱼抖落到盛鱼容器里。钓上的鱼，一般以花鳅为多，兼有泥鳅、麦穗、白鲦，都是小型鱼类。这种钓法动作像从水里将鱼蘸上来，故称蘸钓，也有人称为蘸鱼。

3. 汇水处好钓鱼。汇水处是主流与支流的交汇处，或是沟渠泄水与河流的交汇处，还有河道分岔又重新汇合处。汇水区清浊泾渭分明，从清水河下行的鱼不敢进入浑水区，而浑水河中的鱼为避浊流也纷纷躲入清水区，从而形成一块理想的钓场。选择汇水处进行垂钓，是溪河汛期钓的最佳选点。在这样的钓场，凡河里有的鱼种无论大小都可能钓获，根据水面大小、水底地形、岸边地貌，钓者可以自由选择钓法。

三、自然水域垂钓

1. 钓位的选择。在野外的湖泊、水库等自然水域垂钓，其特点是水面宽广，鱼的密度小，在此类水域垂钓比较困难。谚语说："选位不好，等于白跑"，"七分钓位，三分钓饵"。这都说明选择钓位的重要性。鱼儿要生存就必然有它们的生息繁衍之所，那些湾、汊、草、坑、潭等是鱼儿喜欢栖息、觅食、游弋的地方。钓位应选择在河道弯曲处、浅滩凹塘、乱石穴处、树林和竹林旁、水草丛生处和有人居住的地方（图 4.17）。

图 4.17　自然水域找钓点

选择钓位要根据季节、天气、水情和鱼情，并要注意远窝与近窝兼顾、深水与浅水兼顾、流水与静水兼顾、草洞与草外兼顾、老窝与新窝兼顾，在进水口、下风处下钩。

2. 钓饵的选择。自然水域的鱼类食性很杂，通常情况下，大鱼吃素，小鱼吃荤。由于吃惯了野食，有的已养成了口癖，垂钓取自然饵料效果更好。如钓鲫鱼用蚯蚓，鱼就特别爱吃。又如草鱼是典型的食草鱼类，用素食如甘薯、嫩玉米粒、嫩草都能钓到。草鱼除爱吃植物类饵料外，对自然界的活饵也很喜爱，如蚂蚱、地蚕、青虫、蛆虫等。在自然水域垂钓，饵料运用的基本原则是以天然食物为主。比如玉米上市的时候用嫩玉米粒（经过白酒浸泡或白糖腌制后的效果更好），甘薯成熟的季节宜用甘薯作为钓饵。

3．诱饵的运用。自然水域水面宽广，鱼儿稀少，活动范围大，要想尽快将鱼儿诱集拢来，除钓点因素外，诱饵的质和量是至关重要的。诱饵的味要浓，量要大，且是耐泡不易化散的饵料，这样才能目标大，持续时间长，并能迅速将鱼儿诱集到鱼窝。

4．要掌握几种钓法。

（1）底钓与浮钓：自然水域的鱼种较多，在水的上、中、下层均有鱼儿活动的踪迹。应该根据当时的情况采用底钓或浮钓。钓法得当，必会有收获。但应以底钓为主，如鲫鱼、鲤鱼、青鱼、鲶鱼、鳜鱼等都是底栖鱼类；又如草鱼虽是中层鱼类，但从垂钓的经验来看，吃底钩的概率远远高于吃浮钩的。在自然水域里由于生存条件严峻，迫使一些鱼类逐渐养成在底层觅食的习惯。因此采用底钓是关键。

（2）宜守不宜走：当在一个地方选定钓位后，应打窝定点守钓。当有条件时可多打几个窝子（3~5 个），轮番垂钓。垂钓宜守不宜走，因为自然水面宽广，鱼儿密度小，聚集慢，好不容易将鱼儿集拢起来，因此宜守钓。守钓必须有耐心，耐心是垂钓者应具有的素质，有耐心就会有鱼，有耐心就会有收获。守也不是死守，在一个钓点上，1 ~ 2 个小时无鱼咬钩，就应变换钓位，不能在一棵树上吊死。

5．要注意遛鱼的方法。鱼上钩后，首先将手竿上举，并迅速将鱼领离钓点，以免惊走窝里的鱼群，提出水面，不让其在水中挣扎逃窜。遛鱼应根据上钩鱼的大小，采取短遛或少遛甚至不遛。笔者的做法是：500 克左右的鱼不遛，直接拎提上岸（岸边坡度小，杂草较低时），不用抄网；对 1 000 克以上的鱼，采取遛鱼，遛鱼时高举手竿，使钓线的移动略快于鱼的游动速度，使鱼跟着钓线走，变被动跟鱼走为主动领鱼游，控制鱼的游向。在遛鱼的过程中，不断地将鱼头抬出水面，使其“呛水”，加速鱼的体能消耗，待鱼遛疲后，用抄网将其抄上岸来。遇到大鲤鱼“打桩”时，握竿需相持一段时间，然后抖动竿子，使鱼感到刺痛上游；遛鱼时手竿呈弓形，尽量高举使鱼头朝上，这样鱼只能往上蹿。待鱼遛疲，肚皮朝天，再抄鱼上岸。

四、冰钓

1．冰钓最佳时间。冰钓最佳时间是结冰后的 20 天和化冰前的 20 天，此时在气温 −10 ~ −8℃时为最好。三九严寒时，上鱼情况不理想。如果冰的厚度在 8 厘米以下时，不能上冰垂钓。即使冰层在 8 厘米以上，由于水流、水的深浅和地气冷暖的关系，冰的厚度也不一样，应拣冰层厚而结实的冰面上打洞垂钓。每天冰钓的最佳时间是 10 ~ 15 时。

2. 冰钓的天气。冰钓的天气最好选择风和日丽的晴天，或是无风的暖和天，最忌朔风劲吹、飞雪击面的寒冷天气。

3. 冰钓钓具。冰钓使用的钩、竿、线、漂，一切以小、轻、灵为宜，可以更好地捕捉到鱼儿咬钩轻微的信息。

（1）钓竿：以竿轻、弹性大为佳，宜用专门用于冰钓的玻璃钢冰钓竿，其长度在 2 米左右，并带有一只小绕线轮，轻巧方便。冰钓大都采用一人多竿垂钓，通常每人用 4 副竿。

（2）钓线：一般在静水中用软竿底钓时，钓线直径为 0.2 ~ 0.3 毫米，若钓个体较大鱼类，线径应大些。钓凶猛肉食性鱼类，尤其是在流动水域钓狗鱼时，应选用线径 0.35 毫米的钓线为宜。如果用不装绕线轮的手竿式冰钓竿垂钓，钓线要准备得长一些；若采用带绕线轮的钓竿垂钓，亦应把绕线轮的蓄线轴装满钓线为妥。

（3）钓钩：由于冰钓对象鱼主要是鲤鱼、鲫鱼，钓钩不用太大，以钩条细的最佳。若垂钓凶猛肉食性鱼类，宜选用型号较大的钓钩。

（4）浮漂：冰钓用漂多种多样。常用的细尾小风漂、锥子漂、小筒漂、七星漂和“台钓”细长尾风漂等，长 8 ~ 12 厘米，长漂在组装时应将漂尖用气门芯剪成的小圈套在钓线上，使漂子的上下两端皆固定在钓线上，抬竿时浮漂不会在冰洞中折跟头。

（5）坠子：因鱼体一般较小，要求反应灵敏，可使用较小的颗粒铅坠。铅坠与鱼漂的距离，以鱼钩稍着水底，鱼漂顶部和水面相平为好。

（6）钓组的搭配：冬季冰钓时，由于水冷鱼咬钩轻，漂、坠、钩的搭配要更精确。既不能漂大坠轻，也不能漂小坠重。合理的搭配是漂的浮力和坠子的重量相等或坠子的重量略小于漂的浮力。这样在鱼咬钩后才会反应灵敏。

（7）冰镩：又叫冰穿、冰钻，是冰钓必不可少的用具，不仅有粗细、长短之分，还有单节和多节之别。就凿冰而言，冰层薄时可用单节小冰镩，冰层厚时，要使用大冰镩或多节长而重的冰镩，才快速省力。可用六角钢或螺纹钢制成，要求尖部呈四角形，尖端锐利，长度在 80 厘米左右，在顶端要装一个把手或打一个圆眼，并在眼中穿一根绳子。凿冰时，可将绳子套在手腕上，以防冰被凿穿时不慎把冰镩掉进水里。

（8）笊篱：是用来捞碎冰的工具，其直径应小于冰眼，一般选用直径为15厘米左右的比较合适。凿冰洞时，需要将碎冰捞走，垂钓时，寒风也易将冰洞水面冻上一层冰，如不及时捞掉，势必会将浮漂冻住，这时就要用笊篱及时将碎冰捞出。

（9）搭钩：起鱼工具。当钓到个体较大的鱼时，由于冰洞小，又不能使用抄网，可用搭钩钩住鱼体，一般搭鱼鳃和头部，拖鱼上岸。

4．冰钓钓饵。

（1）冰钓饵料种类：采用底钓法进行冰钓时，既可以用荤饵，也可以用素饵。荤饵中常用的有摇蚊幼虫、蚯蚓、昆虫蛹、鱼肉及牲畜肉等，在荤饵中又以用摇蚊幼虫的效果为优。冬季，鲫鱼、鲤鱼、鲂鱼、翘嘴红鲌等鱼类均喜食摇蚊幼虫；素饵多用玉米面、小麦粉、黄豆面等配制而成。

采用浮钓法进行冰钓时，主要以凶猛的肉食性鱼类为对象，如鳜鱼、哲罗鱼、狗鱼及个体较大的翘嘴红鲌等，主要用小活鱼为饵，也可用面食为饵。面饵为白色或红色，再加入少许香油和曲酒，要求色艳、味浓。此外，垂钓狗鱼还可以用鱼形拟饵钓。

（2）钓饵的装钩：用猪、牛、羊等家畜的肉作钓饵，生熟均可。垂钓前应预先将肉切成大小适宜的肉丁，放在饵料盒内备用。垂钓时取一块肉饵，将其挂在钓钩上即可。

冬季浮钓狗鱼、鳜鱼等多以麦穗鱼等小活鱼为饵。装钩时要注意两点：一是要让饵鱼的活动尽量自由；二是不要刺伤饵鱼的要害器官（内脏、脊椎等）。方法如下，将钩尖从饵鱼体侧靠近背鳍基部的地方刺入，略向斜后方推钩，使钩尖从另一侧穿出即可。

用摇蚊幼虫挂钩方法有两种：一是将虫系在紧贴鱼钩倒刺的地方，不可勒得太紧或过松。二是将虫系在鱼钩后弯上方内侧，此种系法最好使用口门较小的袖形钩，虫就可将钩门塞严，鱼容易吞饵中钩。还可用单虫穿钩或多虫挂钩，单虫穿钩所用鱼钩钩条要细，钩尖要锋利，穿钩还要有一定技巧。多虫挂钩，所用鱼钩钩尖要略微细长，将3～4条摇蚊幼虫从头部下方一条条穿入，要避免体液流出。

（3）冰钓专用饵：主要有以下几种。

1）面粉药饵：将白芷 40 克、公丁香 10 克、母丁香 10 克混合研成粉末，与适量鱼肝油拌和后，再加入少量面粉揉搓成团即成。此饵钓鲤鱼、草鱼、鲫鱼。

2）猪肝药饵：将生猪肝 300 克煮熟后切成玉米粒大的小块，再将其浸蘸于药油中。药油即大茴香 20 克、阿魏 10 克、香精 20 克，均研成细面混合后拌入 50 克的香油中。主钓大鲫、鲤鱼、鲶鱼、甲鱼。

3）麻籽泥饵：先把亚麻或大麻的籽粒加水磨碎成粉脂状（俗称麻籽豆腐），盛入小盆中，待凉后再加入适量面粉和商品饵粉调匀，揉和至软硬适度即成。使用时搓大粒挂中号钩，主钓鲤鱼，兼钓鲶鱼、鳜鱼、鲈鱼等鱼。

4）黄刺蛾虫饵：钓钩从尾端横向刺入，再绕体穿一次，钩尖匿于虫体。主钓鲫鱼、青鱼、鲶鱼、鳜鱼、黄颡鱼等鱼。

5）蚯蚓黏粉饵：将蚯蚓晒干后碾成粉面，再加入优质细腻的黏粉（糯米、黏玉米和大、小黄米均可，小黄米尤佳），其比例为 4:6，调匀后，用蜂蜜（或红糖浆）拌和揉搓成团即成。挂钩饵粒大小如黄豆粒。主钓鲫鱼。

5. 选择钓位。冬季冰钓能否钓到鱼的关键是选准钓位。要选准钓位，首先是向有经验的钓手请教，并跟随他们一同实地学习垂钓。其次是向当地渔民请教鱼情、水情和河床及池塘水库的结构，以便心中有数。再次是靠自己观察、摸索、积累经验（图 4.18）。理想的冰钓钓位的特点主要有以下几点。

图 4.18 冰钓选址

（1）选无杂草，由沙、泥构成的水底平坦的硬河底。比如，选择河沟、湖沟有 5 ~ 6 米水深的凹槽处。如果天晴阳光好，可以在朝阳面的浅水区，选择 2 ~ 3 米水深处凿洞钓鲫鱼。

（2）选草边河底。即长有草、芦苇、菖蒲的地方，以方便鱼觅食和避寒。但钓点处的芦苇、菖蒲、草也不能过于密集，否则钩饵会淹没在厚厚的枯叶烂草中，鱼很难发现，当然就不会上钩了。较合适的是把冰眼打在离芦苇、蒲草边缘 1 米左右，靠近苇草的向阳、背风的地方，这样鱼会很快游过来觅食上钩。

（3）最好选在夏天钓鱼最多的位置，而且要找浅中有深的深水区。因深水区的水温比浅水区相对高些，鱼儿多愿在此群居，特别是大鱼，更喜欢留在深水区藏身。

（4）在流水水域，应选择河流的转弯处，流速缓慢且向阳、水深的地方，或是向阳、水深的桥头脚和桥柱脚处。而在静水水域，则要寻找有水草或有枯草根的地方。

（5）要充分考虑当时的气温，并依照水温变化规律，先确定应在水多深的地方选点。若天气接连数日较暖，可考虑在稍浅的地方选点；若连续遇寒降温，则应找水深的地方垂钓。

（6）找向阳坡。一天中，向阳坡的水温随着阳光照射会有不同的变化。中午、傍晚水温较高，鱼儿喜欢往此处游动，因此，上午钓深水区，中午之后至傍晚钓向阳坡浅水区。

（7）在自然水域，有的地方水下平坦是光底，有的地方坡度明显或有沟坎，有的地方生有水草。在这些地方，钓点应选在坡面或沟坎的底部，或选在水草区域的边缘，只要这些地方的水不是过浅，大都是鱼类聚集、栖息之所。

（8）在水库冰钓，除了选在背风向阳带凿冰眼处之外，还应该注意参考以下经验选好窝点：①芦苇、水草处。②库区阳面的浅滩处及洄水湾处。③库区的进水口、水闸附近。④人工养殖的网箱附近。⑤冰面上有凹槽痕迹的原冰块断裂后的衔接处。⑥如有雪覆盖冰面还可以选择更浅的水域（图 4.19）。

图 4.19　水库冰钓选址

6. 开凿冰洞。选好钓位后，便开始凿冰眼，选择凿洞的式样，有四个要素：一是采光性要好；二是提鱼方便，少跑鱼（特别是当钓到大鱼时）；三是减缓冰洞口结冰速度；四是垂钓时钓线在水下有调整钓位的余地。一般开凿 3 ~ 4 个圆洞，每个冰眼的直径 20 ~ 30 厘米。各个冰眼之间的距离应根据垂钓者同时使用几根钓竿而定，用竿少，冰眼间距可远些；用竿多，则冰眼间距可适当近些，以视野可及、观标清楚、提竿捞鱼顺手为佳。若用 3 根竿，冰眼的间距以 90 ~ 100 厘米为宜；若用 5 根或 5 根以上钓竿，冰眼的间距以 50 ~ 60 厘米为好。另外，冰眼朝垂钓者一面凿成斜面，以便钓上鱼后顺坡提鱼，防止碰撞造成脱钩（图 4.20）。

图 4.20 打冰洞

7．冰洞的排列。

（1）单排扇形排列：为了便于观察冰洞中的浮漂，绝大多数垂钓者都是把冰洞凿成扇面形成一字形，按这种方法开凿的各个冰眼与垂钓者座位的距离基本相同，使用长度相等的钓竿，可以很方便地将饵钩递送到各个冰眼。

（2）双排交错排列：以开凿 5 个冰眼为例，前面一行凿 3 个冰眼，后面一行凿 2 个冰眼，后 2 个冰眼的位置与前面 3 个冰眼错开。按这种排列方法，后排 2 个冰眼距垂钓者近，前排的 3 个冰眼距垂钓者远。如果开凿七八个冰洞，可凿成双扇面形或凿成上三下四、上四下三等正反梯形。

8．冰钓技法。底钓是冰钓中最常用的一种钓法，主要是垂钓鲫鱼、鲤鱼、鲂鱼、鳊鱼、青鱼等底层鱼类。冰钓时，钓者离钓点非常近，浮漂即使有微小的抖动也能看得清清楚楚。若钓者发现浮漂抖动或略微升起，这时就要立即提竿。提竿的力度和幅度要掌握好，不可太猛也不可太轻，要稍微带点劲。

第五章 常见鱼的垂钓技巧

第一节　鲫鱼的垂钓

1．鲫鱼（图 5.1）常规钓法。

图 5.1　鲫鱼

（1）钓具：垂钓鲫鱼多使用手竿，也可使用海竿。手竿采用竹竿、玻璃钢竿、碳素竿均可，现在多用玻璃钢竿和碳素竿，长度以 5 ~ 6 米为宜，对于较宽阔的水域，可用 8 ~ 9 米的长竿。在水草稀少的水域，宜用软竿，而在水草丛生之处，宜用硬竿，以较快地将鲫鱼提出水面，避免挂住水草。钩要小，线要细。钓鲫钩以伊势尼钩为好。根据鱼的大小，可选用 1 ~ 5 号钩；如果钓特大的鲫鱼，可选用 6 ~ 7 号钩。钓线要细，一般来说钓鲫鱼用线越细越好。细，可以提高灵敏度。鲫鱼咬钩动作轻微，为使反应灵敏，宜选配细漂或小漂。为使浮漂在水中增加稳定性和灵敏度，通常在深水用长漂，浅水用短漂；近处用细漂，远处用粗漂。

（2）诱饵：在池塘内垂钓，可以直接用单一的粮食颗粒作为诱饵。饲料厂生产的颗粒状饲料，主要是供喂养塘鱼用的，其成分主要为麦麸、各种籽饼粉、玉米面及大麦面和鱼粉、贻贝粉，以及其他添加剂等。垂钓时可直接用作诱饵。

另一种常用且有效的是香米合成诱饵，即用香米 200 克、米饭 250 克、玉米粉 200 克、白糖 50 克，香米炒熟磨成粉，装瓶备用，米饭、玉米粉和白糖拌和均匀作为基料备用。到垂钓点撒窝时将香米粉分成 2 份，每份再分 3 小份，每份不等，先少后多。基料分成 6 等份，再将每份香粉和入每份基料中搓成团投放。此饵中的香米粉有一种特殊的清香味，对鲫鱼极具诱惑力，由于投放的饵团中的香米一次比一次量大，香味自然也越来越浓，吸引着鲫鱼不由得不来。此饵宜用加有香米粉的素钓饵。

（3）钓饵：钓鲫鱼的钓饵比较多，除了常用的各种自然饵料，如蚯蚓、小河虾等外，大部分钓鲫鱼的饵料是自己配制的，这里介绍几款一些钓鱼高手常用的配方钓饵。

一是选新鲜的大米3份、玉米糁1份、小米3份。先把大米放锅内文火炒近半熟，再加入玉米糁、小米继续炒拌。等锅内发出香味，即出锅放入干净的瓷盆内，放几小勺制备好的羊油。由于刚出锅的饵含一定热度，羊油为乳白色块状，反复搅拌后，油块即溶化到饵中。再将适量丁香酒、自制糖醋蒜汁放入饵内后迅速搅拌均匀。放置10分钟，再加入1/10左右商品麝香米拌匀，装入干净塑料桶，密封待用。

二是选择诱鱼效果较强的酒香型商品饵。具体做法是将酒香型商品饵与鲜活的摇蚊幼虫和在一起拌匀，按商品饵料使用说明加水调和，饵料调得应略黏一些为好，做搓饵拉饵皆可。这样的饵料在入水落底后，一部分开始雾化，使钓点窝中酒香味浓郁，增强了对大鲫鱼的引诱力。而另一部分饵料则呈一团絮状夹裹着一些摇蚊幼虫包在钩上，使小鱼难以一口吃下，延长了饵料挂在钩上的时间，增加了大鲫鱼进窝索饵的机会。

三是蛋喷饭粒饵，将煮得比较硬的冷米饭，倒入有少许热油的锅中炒几下，然后倒上打好的鸭蛋，翻炒均匀，再放一点盐、味精和葱花，类似人们经常吃的蛋炒饭。此饵具香、腥（鸭蛋比鸡蛋腥）、鲜、咸为一体，尤其对鲫鱼有极大诱惑力。

（4）提竿时机与漂相：一般来说，对于鲫鱼咬钩，提竿的最佳时机有四：一是顶漂，浮漂徐徐上升，在上升的过程中提竿；二是横漂，浮漂横卧水面时提竿；三是拖漂，浮漂在斜向徐徐走动时提竿；四是黑漂，在浮漂没于水面时提竿。在逗漂时一般不要提竿，但也不是绝对的，如在冬季或雨天垂钓时出现逗漂现象，此时提竿往往能钓到大鲫鱼。当浮漂呈现顶漂、横漂、黑漂、拖漂等现象时，如果钓者未及时提竿，浮漂很快又恢复原状，这说明钓饵已离开了鱼嘴，此时不能再提竿。如果钓饵未被吃掉，鲫鱼会再次将钓饵吸入口中，钓者应集中精力耐心等待，待再次出现吞钩信号时再提竿。如较长时间浮漂再无反应，说明钓饵已严重破损或不复存在，就需要提竿换饵了。这里用图5.2来说明鲫鱼的垂钓过程，整个过程包括寻钓点、撒饵料、看漂相、提竿、遛鱼、摘钩等。

2. 长竿长线底钓鲫鱼。长竿长线底钓是广大垂钓者普遍采用的钓鲫鱼的方法，采用长竿长线底钓鲫鱼，是利用了鲫鱼胆小多疑、一般不近岸边的特性，所以采取这种钓技比较实用有效。

（1）钓具：钓竿竿长为5～8米，竿线一般比竿身略短，以利取鱼，也可等

a. 寻钓点测水深

b. 撒好诱饵后，调整七星漂，上好钓饵

c. 静候鱼儿上钩

d. 咬钩之鱼拉动竿梢，做好遛鱼准备

图 5.2　手竿钓鲫的全过程

长或略长。这种钓法，因钓点离岸较远，多使用长立式浮漂，也有的使用七星漂。坠用轻坠即可。

（2）诱饵：麦麸 6 份、炒豌豆粉 2 份、大米 2 份、曲酒 4 份，钓前一天拌匀，密封一夜后，第二天待用。

另一种诱饵配方是用 30%菜籽饼、40%麦麸、30%大米混合在一起，碾碎，垂钓时取塘水和之，捏成团即可作为诱饵撒窝。

（3）钓饵：一是用肉夹馍饵，即用袋装钓鲫饵粉料若干，掺上一定数量的摇蚊幼虫，然后加水和成软硬适度的面团即成。它既可做拉饵，也可当搓饵。此饵不仅具有浓郁的香味，而且营养丰富，所以诱鱼效果特别好，上鱼率非常高。

另一种配方就是把小米和新鲜的玉米粒分别装到瓶子里，用高度曲酒把它们浸透，时间越长越好。把黄豆面20%、粗玉米面20%、小米10%、麦麸40%，用文火分别炒香。再把它们混合在一起，加入面粉10%混合炒香，趁热加入一勺白糖，这称为窝子底料。晾凉后放入塑料袋中扎紧。钓鱼时把窝子底料拿出，加入适量酒泡小米和酒泡玉米，再滴几滴丁香酒，不用加香精和其他添加物。倒入池塘水搅拌均匀后，捏成团投入钓点。

（4）钓技：甩钩时，多采用单手持竿甩钩，钓者右手握住竿尾，柄端紧贴肘部，左手捏住坠子，拉紧竿线，在向上扬竿的同时松开坠子，借助竿尖的弹力将钓饵准确地甩向钓点。若是风大且处于逆风位置，上述方法则难以将钓饵甩出，可采用抡竿甩抛，即将竿身后扬，将钓饵带到身后，然后向前抡竿，钓饵从竿尖上方甩向钓点。长竿长线底钓一般适用于水面开阔、水域较浅、水草稀少的水域。等到漂相有反应时立即提竿即可。

3. 手竿长竿短线漂钩底钓鲫鱼。由手竿、渔线、浮漂、坠子、鱼钩等组合在一起，通过浮漂的反应来传递鲫鱼的咬钩情况，很多有经验的老钓手偏爱此法。采用长竿短线底钓，是因为鲫鱼属于底栖鱼类，多在水底活动、觅食，平时很少到水体的中、上层活动。

（1）钓具：钓竿竿长6 ~ 8米，甚至更长。其“短线”并非指竿线短，而是指从浮漂到竿尖处这段“风线”较短，一般为0.5 ~ 1米。浮漂多选用较短的立漂或风漂，也可用七星漂。

（2）诱饵：①蚯蚓土诱饵，许多钓鲫爱好者都喜欢自己喂养蚯蚓，隔一段时间就要换一次喂蚯蚓的土。这种换下来的土里有一种很浓的蚯蚓腥味，再加上平时喂蚯蚓时施放的牛粪、米汤、剩饭和各种腐烂的水果蔬菜都成了腐殖质，变成一种很能吸引鲫鱼的诱饵。使用时只需将土捏成团直接投放就行。如再加上一点活蚯蚓碎段，效果更佳。②香茴草药酒米诱饵。这是一种用中草药制成药酒后再放入大米浸泡成的药酒米，对鲫鱼有特殊的吸引力，特别是在鲫鱼被钓“猾”了的养鱼池或饵料丰富的肥水塘效果更为明显。

（3）钓饵：①用颗粒鸡饲料50克放进饵料盒中，加钓点塘水泡上2分钟左右，让饵料润透，倒掉余水。放入菜籽饼或豆饼40 ~ 50克，取炒至微黄的大米粉20克（注意不能炒煳），加入奶粉 15 ～ 20 克，蜂蜜少许。此饵雾化性好，适合在鱼塘、天然水域钓鲫（黏度不够可加一点拉丝粉或面粉）。②用新鲜牛肝 250 克，豆浆机打成浆，用干蚕豆 100 克打成粉，两样和匀备用。到水边垂钓时加黏粉或拉丝粉调和，可拉可搓。如要雾化快就加干糠粉、土豆粉或玉米粉。这种钓饵适用于冬季垂钓鲫鱼用。

（4）钓技：在投放钓饵时，利用竿身的长度将钓饵垂直地送到钓点。其优点：一是准确度高，特别是在水草丛生的水域，更有其优越性即不易挂草；二是由于风线短，只要一提竿，马上牵动钓饵，反应灵敏，上鱼率高；三是由于竿尖、浮漂、钓饵三点成一线，在提动钓饵时，并不偏离窝子；四是窝子定点性强，撒诱饵时，用撒饵器可借助竿长将诱饵准确地送到钓点，集鱼效果好（图 5.3）。

图 5.3　手竿漂钓钓鲫

4. 野外浅水钓大鲫。

（1）钓具：钓竿以 6.3 ～ 7.2 米长而轻的硬钓竿较为适宜。钓线要选择较粗些的，如直径 0.2 ～ 0.25 毫米的强力钓线。大坠与小坠之间以主线连接，小坠到钩之间的脑线用相对细的多股软线。钓钩要选用 4 号粗条伊豆钩。浮漂要选用 1 ～ 2 号小型细尾空心立漂。如钓流水，也可选用 3 号以上的浮漂。如果钓 50 ～ 80 厘米深的水，漂长不能超过 20 厘米；如果钓 30 ～ 50 厘米深的水，漂长只能在 12 ～ 20 厘米。如用七星漂垂钓也可以，只是钓点的草洞口要稍大些，而且洞口内不能留有浮萍，同时水面只能露出 1 ～ 2 粒浮漂，多了容易挂草，容易惊跑鱼群。

（2）钓点：野外浅水钓大鲫的钓点选择很有讲究，主要掌握以下几个要点。

1）静处找点：由于钓点水浅，大鲫鱼胆小谨慎，选择钓点要尽量选择那些远离民居、商店、工厂、学校等人群活动较多和声响较大的地方。垂钓者所在的钓位，要尽量选择僻静或低洼处，如堰下边、桥涵旁、树底下等能借以掩蔽自己之处。

2）草中下饵：浅水垂钓，在选择钓点时，最关键的是要选择有草的地方。浅水钓草也要本着“稀中找密”“密中找稀”的原则。如早春，水草还没有长出水面，就要找到水草密集的洞隙处下钩；如果夏、秋季节水草已延伸或覆盖水面时，这就要看是何种水草和水草的稠密程度。如水下之草密而无缝，就要选择稀处；如果水下草稀，只是水面上由于草长而蔓延覆盖水面，那就要选择水面水草最密处，越密越好。如果在有浮萍的水域中垂钓，就要尽量在下面有硬杆水草或周围有水花生的旁边选点。如果水下没有水草而仅有浮萍，那就要选择浮萍密堆的地方（图 5.4）。

图 5.4 草中下饵

3）流水选点：要选稍大一点的草洞，给浮漂顺流下摆留有余地。尽可能选择那些顺水方向长形较窄的草缝下钩。如水下无草，选流水垂钓，一定要选择上面有稀疏浮萍流动的缓流垂钓。

（3）诱饵：浅水钓大鲫，诱饵以素饵为好，但味道不宜太浓。投饵数量宜少不宜多。如投的是散饵，无论是干散饵还是湿散饵，一小把即可。如果是细颗粒饵，如大米、小米、药米、酒米、麝香米、玉米渣等，100 克即可满足要求，要少投少补。在诱饵的使用上，要使散饵和小颗粒饵两种配合使用较好。水清要以散饵为主，水浑则以小颗粒饵为主；冬、春季以散饵为主，夏、秋季以小颗粒饵为主。如果在流动水域布饵，不用散饵，只用颗粒饵，而且要打沉底窝。如果在肥水中垂钓，在诱饵和钓饵中添加少量的蒜粉或韭菜汁效果很好。

（4）打窝：用诱饵打窝时要轻，这是因为水浅鱼容易受惊。为了不惊扰鱼群，在打窝布饵时要做到“浮”“轻”“快”。浮，就是在水面上打浮窝子，打饵器不要沉入水底送饵（流水例外）；轻，就是在布饵时动作要轻，不要用打饵器猛击水面；快，即布饵时要快，动作要迅速、麻利，布完窝后，要立即远离钓点，让鱼进窝，看到窝口上起泡再投竿。

图 5.5 浅水钓大鲫的钓饵

（5）钓饵：夏、秋季以素饵为好，冬、春季以荤饵为佳，荤饵以摇蚊幼虫、小虾、红蚯蚓为佳（图 5.5）。

再介绍一种人工配制的钓饵——甘薯米粉钓鲫饵。材料有红心甘薯、大米米粉、丁香药酒等几种。将 10 多粒丁香放进 500 克的曲酒中，浸泡一周左右就可使用。然后将大米 500 克左右，放在锅里，用文火炒香，注意不可炒焦。晾凉后，用家里的食品搅拌机打成粉末，用瓶子或者塑料袋装好备用。每次垂钓前，取适量的甘薯隔水蒸熟，趁热剥皮，捣烂，和上适量米粉，滴上几滴丁香药酒，揉成软硬适中的小团状。垂钓时，捏成黄豆粒大挂钩。

（6）钓法：钓竿入水后，就要细观漂相。在钓目上，春、夏、秋季钓一目或半目，如有大鱼，可钓 3 ~ 4 目，冬天钓半目或平水。垂钓中要手不离竿，目不离漂。浮漂的每一微弱动作都不能轻易放过，越是大鲫鱼，动漂越沉稳。如果发现浮漂上升、一顿即止，平移、斜移、漂尖抖动、浮漂周围出现波纹或是黑漂，都是大鲫鱼食钩的漂相。当接到鲫鱼食饵的讯号后，要当机立断，果断扬竿。稍有迟疑，大鲫鱼就可能会吐钩离窝。在扬竿时，要手腕加力，直接提鱼出水，如果鲫鱼钻了草，开始要拉紧钓线，等一会儿再放松钓线，稍等片刻，鲫鱼就会从草里钻出来逃跑，这时就可以乘机提鱼出水。

5. 水草钓鲫。渔谚说，“钓鱼不钓草，多半钓不到”。鲫鱼常把温度、水深都适宜的水草丛当成它们生活繁殖的家，在有水草的地方垂钓常能取得很好的钓绩。但在水草中垂钓操作技术、技巧性很强，如若个中环节处理不当，都能影响垂钓效果，常会出现挂钩跑鱼的现象。

（1）合理选配钓具：因为鲫鱼中钩后一般不遛鱼，只能快捷提鱼出窝，因此应配备硬调或中硬调手竿。水面上的风线一般留长 50 厘米即可，不宜过长而影响送竿和起鱼，拴单钩小坠，长竿短线。当鱼儿吞钩后应迅速抖腕将鱼提离窝点，不能让鱼在水中挣扎进入周围草丛中，以免造成断线折钩失鱼的后果。

（2）选择窝点：在大自然之中的沟、河、湖泊、池塘等近岸的水域中，地形地貌错综复杂，水草丛生，有密有稀，

图 5.6　选择窝点

水域深浅不等，如何选择理想的窝点与钓获量关系极大。中秋时节和 3~4 月，大鲫鱼来到近岸水草中繁衍后代，急需觅食补充，故饥不择食，觅食吞饵较猛。垂钓时应根据现场地形、鱼情等情况将钓点选在水深 40 ~ 120 厘米的水草之中。小雨、阴天和早晚钓点的水深可浅些，晴天中午前后的几小时应适当选深些。盛夏和严冬，窝点应尽量选择在有水草的深处。如果岸上有树木、建筑物，水中又有一簇簇水草，环境又较安静，此处即是理想的窝点（图 5.6）。

（3）诱饵：玉米面（文火炒熟）8 份、生蚕豆粉 2 份，加水调匀，密封一夜，用于第二天诱钓鲫鱼用，有特效。还有一种配方是用稻草灰 4 份、麦麸 3 份、豌豆粉 3 份，加池水拌和，在水草中诱鲫鱼效果奇佳。

（4）钓饵：一是丁香蚯蚓饵，就是将蚯蚓抖净土，装钩后在丁香油中蘸一下，立即垂钓。也可以将蚯蚓放在有动物血的容器中暂养，几天后蚯蚓体色变红，腥味浓。处理过的蚯蚓，比一般蚯蚓上钩率提高 4 ~ 6 倍。二是用面粉 50%、炒豆粉（黑、黄豆均可）30%、炒花生（或芝麻）粉 15%、曲酒 5%，混合拌匀，加少许水搓揉成不干不湿的团状即可。

（5）钓技：在水草中钓鲫鱼的方法多种多样，最常用的有两种。

第一种是人工开窝垂钓法，俗称扒洞钓。通常所讲的开窝钓即是水面上长满了杂草，没有缝洞，无法打窝下钩，垂钓前需清理出一小块水草，作为投饵下钩的钓点。清除水中杂草的方法是：如果仅是水面上长有密集的水花生、水葫芦等水面浮生植物，有条件者可撑小船至钓点打开一直径 20 ~ 30 厘米的洞口，投入事先准备好的诱饵。无船只也可寻找一根强度足够的长竹竿，并在竿头上绑牢一把小镰刀，伸向钓点，将浮在水面上的水草割断捞出来，形成一个小脸盆口般大的洞口。像这样的钓点一次可同时开辟出数个，供轮番施钓。若是水底长出的是长丝状水草，则需割出一条 30 厘米左右宽的水域，作为投饵的钓点。如果水草较密，又长了一些挺水植物，可考虑将其作为长期使用的钓点。此时，可用镰刀、铁锹清除一片水草，将其加工成口小（直径 25 ~ 40 厘米）底大（直径 60 ~ 100 厘米）的形状，并以钓点为中心向四周做放射状踩出 3 ~ 5 条 10 厘米左右宽的通道（通道长 2 ~ 5 米及以上，可用脚在塘底依次来回踩几趟即成）。开完窝后应每天向窝内投放诱饵，并从窝中心撒向四周通道，要求钓点多投，通道少撒。经两三天投饵后，看到不断有气泡冒出，说明窝里已经有鱼了，即可开竿垂钓，一旦漂相有反应就可提竿。

第二种是钓草缝、草洞法（图 5.7）。这种钓法优点是不破坏河塘自然环境，送饵到鱼嘴边。在近岸边找到可作为垂钓的草洞草缝，用打窝器将诱饵投入，然后垂钓。这种钓法春天钓鲫鱼常能取得令人满意的钓绩。还有一种钓鲫鱼的方法叫“戳茬”，用长竿短线、小钩在芦苇、水草的茬中钓大鲫。

图 5.7　钓草缝、草洞

钓草窝要注意安静，来回走动时应放轻脚步，挥竿动作轻敏，投钩到位，不要碰动周围的水草，提竿果断、稳妥，一次提鱼出水。

6. 草洞钓鲫鱼。草洞，即指岸边水草间的空隙处。钓谚说：“钓鱼不钓草，多半是白跑。”因为鲫鱼与水草结下了不解之缘：水草的嫩芽、嫩叶是鲫鱼的主要“粮食”；水草间有鲫鱼喜欢吃的各种水生物；水草不仅能吸收鲫鱼吐出的二氧化碳，而且还会放出氧气，鲫鱼很需要氧气；鲫鱼交配、产卵，要到水草间嬉戏追逐寻偶，水草是鲫鱼“生儿育女”的天然“产床”；鲫鱼胆小、怕强光，水草对岸上的惊扰和阳光能起遮掩作用，鱼儿有安全感。

（1）钓具：草洞钓鲫鱼，钓具很讲究。鱼竿宜长且轻，以 5.4 ~ 6.3 米的手竿为佳，保证长时间地握在手中不易疲劳，鱼竿宜用硬调竿，钓到鱼后易于起水，避免被水草缠住而逃鱼。渔线宜细，以进口的直径为 0.15 ~ 0.2 毫米的渔线为好，渔线应短于竿身，下钓时钓钩才能准确地放入草洞内，且入水声小，起鱼快。鱼钩宜小，采用一线一钩，才不易绞缠和挂草，鱼吃上钩后，浮漂反应才灵敏。坠子宜小而重，最好用粗保险丝锤平、锤薄，剪成长方形，裹紧在渔线上；坠子与鱼钩的间距以 3 ~ 4 厘米为佳。这样的组合，鱼儿吃上钩后一抬头，浮漂的反应相当灵敏。浮漂宜用七星浮漂的 3 ~ 5 粒，1 ~ 2 粒在水中，1 粒在水表，1 ~ 3 粒平躺于水面上。

（2）钓点：水草有明草、暗草之分。生长在水面上的叫明草；生长在水底的叫暗草。如何选择草洞呢？一是自然草洞，明草间的空隙处，一般以小碗口大小的天然草洞为佳，但水底必须干净无杂草，使鱼钩落到水底才能钓到鲫鱼。二是水草茂密，水草间无空隙处，要用竿尖或竹竿把水草拨开成洞。三是有暗草的水底，钓点应选择水浑或亮堂处，但钓钩必须落到水底。四是明草、暗草茂密的水域，钓鱼者应下水去把草扯掉一部分，形成草洞。五是在水草边、水草旁做钓点，也有理想的收获。六是长满紫浮萍的钓场，可用杂草或稻草扎成圈放进水中，用竿尖挑出圈内的紫浮萍，隔一会儿便可下钓（图 5.8）。

（3）诱饵：钓鲫鱼的最佳诱饵是“麝香米”“药酒米”，这两种诱饵下水后特别香，极易把水中的鲫鱼引诱到窝子里来（图 5.9）。麝香米诱饵是鲫鱼、草鱼、鲤鱼等最喜吃的诱饵，其特点是耐水泡、不变形、不变色、不变质、用量少，一个窝子撒 20 粒左右即可。制作方法也很简单，就是将大米装入玻璃瓶，用纱布包一点麝香再放入玻璃瓶内，封好瓶口，半个月后，瓶中的米即可当作诱饵使用。

药酒米的配制方法很多，效果也非常显著，这里介绍一种常用的药酒米诱饵，就是用“桂花酒”浸泡的药酒米，诱钓鲫鱼、鲤鱼的效果都很好。按桂花干品 25 克加 500 克优质曲酒密封装入小口瓶里，浸泡半个月左右，就可制成气味浓郁的“桂花酒”。垂钓前，倒几滴在“酒米”中，就是香味很浓的“药酒米”。

（4）钓饵：钓鲫鱼的钓饵以摇蚊幼虫、蚯蚓、胡豆粉为上乘。摇蚊幼虫的腥味很浓，鲫鱼特别喜欢吃，从不放过，且四季均可用。胡豆粉具有浓厚的生豆味，并呈浅黄色，鲫鱼易发现，又喜欢吃。胡豆粉的制作方法是：将胡豆放到锅内炒至起麻点时立即起锅，冷却后用小刀去壳。用石磨或粉碎机反复推、打 3 ~ 4 次，再用箩筛筛去粗的部分。将细的胡豆粉装入玻璃瓶中备用。也可现磨现用，将去壳的

图 5.8 钓点

图 5.9 诱饵

胡豆一粒一粒地磨成细粉。这种现磨的胡豆粉，效果更好。下钓时，将少许胡豆粉倒入手心，加30%的面粉，以增加黏性，再加几滴水，搓揉几下，便成了干稀适度的粉团。粉团应用树叶包着，以免风干而不好使用。下钩时，摘取绿豆大小的一粒挂在鱼钩上即可。

（5）钓技：通常使用一支手竿在各钓点来回走动钓。到达钓场后，先打几个窝子，在无人或人少的钓场，可以打10～20个窝子，来回交替下钓。下钩后，要注意观察浮漂的反应。鲫鱼吃上钩之后，浮漂徐徐上冒，就是提竿良机；有时浮漂的反应是徐徐下沉，也是提竿的好机会。鲫鱼吃上钩之后，若是小鱼，要一气呵成把它提上岸来。若是大鲫鱼，不能让它在草洞中乱窜，否则不但会破坏窝子，把它的伙伴吓跑，还会被水草缠住鱼逃。应尽快将它拉出窝子，提上岸来。某个窝子钓上几条鲫鱼后，要补窝。补窝的“药米”不宜撒得过多，一般10多粒即可。

7. 在挺水植物旁钓鲫鱼。茭白、菖蒲、苇草等挺水植物生长的地方水位较浅，光照充足，水温适宜，饵料丰富，鲫鱼特别喜欢在这里觅食、嬉戏，成为繁育下一代最理想的家。但由于苇草茬根茎丛生，垂钓时线缠苇茎、钩挂芦草根造成跑鱼断线折钩是常有的事，要特别注意防范。

（1）钓具的合理配备：根据钓点的远近选用6～8米长的硬调或中硬调手竿，2米左右长的短钓线（以风线留30～40厘米为宜），目的是鱼儿一旦中钩，能一次迅速将鱼提上岸，不给鱼儿在水下苇草茬中挣扎窜逃的机会。钓具应配细线、轻坠、单钩、球形漂。在调配钩、坠、漂时将漂的浮力调到略大于坠、钩、饵（钩上装饵）的重力，即坠悬浮水中，钩饵刚好擦底，漂顶球露出水面为最佳状态。这样的组合鱼吞钩的信号非常灵敏，又可防钩饵陷入水下烂叶草茎梗缝隙淤泥之中，提高获鱼量。

（2）钓点钓位的选择：若苇草覆盖的面积较大，水位又不太深（40～60厘米），应根据手竿的长短，尽量将窝点打远些，靠近深水区的边缘。如近岸边较陡，苇草呈带状，面积不大，可将饵窝做到芦苇茬的外围，这样更利于起鱼。另外，在苇茬中选择钓点还得注意苇草的稀密程度，过稀过密都不是理想的钓点，过稀水浅鱼儿易发现人影和挥动的竿影而惊散鱼群，不利于垂钓；过密则鱼不便游动，不利诱鱼集中，影响投竿下钩。最佳的钓点应选在苇草疏密交界处，如果窝点通向前方有一条十几厘米以上宽的通道则更好，这样的通道深水处的大鱼进窝容易，又可以将上钩的大鲫鱼等从通道口领到前方的明水处遛鱼。这样的窝一次可做 2 ~ 3 个，地形、鱼情稍差可同时做 6 ~ 8 个窝，以供轮番下钩垂钓，增加获鱼量。

（3）诱饵：应以香为主，甜次之。可用豆饼粉、麦麸、玉米粉、稻糠、菜籽饼等分别用文火炒香，用商品诱鱼精浸泡小米，密封 3 天以上。垂钓前，取炒好的饵料 2 ~ 3 种与 1/10 的香精小米拌匀，取垂钓水域的水适量调拌，攥成团用打窝器轻轻送入窝点。

还有一种做法就是将稻谷炒熟后磨成粉，再加入 1/4 的玉米粉、面粉或麦麸，用热水和好即成。也可以用桂皮汁或茶汁替代热水，其味更为浓香。使用时，在钓位取少量黄泥和入诱饵，攥成拳头大小的团撒入窝点。抛撒的范围不宜过大，以发挥其香味浓、效果好的优点。这种诱饵发窝快、诱力强、持续时间长，夏、秋季使用最佳，隔 2 ~ 3 小时撒一次，对草鱼上钩率最高。

（4）钓饵：以摇蚊幼虫、大平二号蚯蚓为佳。另外可以自制甘薯钓饵，方法是用蒸熟的薯块去皮，掺入面食，反复揉搓成干湿合适、松软的面团即可使用。最好在其中添加有浓郁香味的添加物，如炒香的芝麻粉、蚕豆粉、黄豆粉，或加鱼粉、虾粉、蚕蛹粉、香油等辅料后使用。也可以把芝麻粉、蚕豆粉（或豌豆粉）、米粉混合做成蘸饵装盒备用，垂钓时将薯块或面团挂在钩上，蘸水后，放在粉里蘸几下，即可下钩投饵。

（5）钓技：垂钓时，将鱼钩穿上蚯蚓等饵，放到水中打湿后，放到蘸饵盒内反复蘸几次，待蚯蚓全身蘸满饵粉，轻轻投入窝中，待鱼食饵吞钩。发现窝中有鱼，暂不咬钩，要常提动钩饵。方法是每间隔 10 ~ 20 秒将钩饵轻轻提起，再斜拖一些慢慢放下。如果窝点直径有 40 厘米左右，可把钓饵在距窝中心 30 厘米左右的前、后、左、右等范围内应用提、拖、拉技法诱鱼咬钩。即将钩饵提起 20 ~ 30 厘米向前（或后、左或右）斜拖 20 厘米左右缓慢放下，这样常提动能逗鱼咬钩，只要窝里有鱼，定能诱鱼上钩。

在垂钓的过程之中，还要注意安静，鱼竿不要碰到窝旁的苇草茬上，防止惊散鱼群。观漂时要注意鲫鱼吞钩的信号特征。在苇草茬中垂钓，一般水位都较浅，大鲫鱼咬钩多为黑漂，以蚯蚓为饵要稍慢半拍提竿，不可早提。若浮漂很快被拖跑，多是小杂鱼所为，应迅速向相反的方向提竿，以免鱼钩被苇草挂住，造成不必要的麻烦和损失。

第二节　鲤鱼的垂钓

1. 钓鲤鱼（图 5.10）的常规技法。

图 5.10　鲤鱼

（1）钓具：鲤鱼个体较鲫鱼大得多，重量通常在 500 克以上，加之鲤鱼的蹿劲大，无论是竿、线、钩都应有针对性地选用。手竿可以用硬调竿，长度在 4.5 米以上。但是海竿更是钓鲤鱼的主要工具，它不仅能投远，而且易于操作，遛鱼极为方便，比较实用。无论是集束炸弹式钩配糟食，还是集团钩装面饵、加挂活饵，均能取得满意的效果。手竿适用于小水域或养鱼塘垂钓。在大水库的陡坡处或大坝下，打立体窝，用蚯蚓装钩后蘸点香精液，或用煮的大麦粒装钩，均能显示手竿反应灵敏、操作简便的特点。

钓线应选用拉力强的渔线，主线以直径大于 0.4 毫米的线为宜，而脑线以直径大于 0.3 毫米的线为宜。如用串钩或单钩时，以伊势尼 7 ~ 10 号钩为宜。若用集团钩或集束式炸弹钩，则以伊势尼 5 ~ 7 号圆底短柄钩为好。钩的弯部应宽一些，用有倒刺的钩最好，以防脱钩。铅坠以扁平梯形、拽拉时能离开水底的为佳。

（2）诱饵：一是用菜籽饼粉（炒熟）6 份、面粉 2 份、黄豆粉（炒熟）2 份，加水调匀即可使用。

还有一种叫煮大麦诱鱼饵，这是一种常用且有效的诱钓鲤鱼的诱饵。在确知欲钓水域有大鲤鱼的前提下，才能使用此法。将大麦放在锅中加水煮开，当煮到麦粒完全膨大涨足而又不破皮开花时，捞出沥干。如用手竿垂钓，可将煮大麦水浓缩，与酒糟按 1:1 掺和，进行打窝，或边钓边向鱼漂周围投放煮大麦粒。也可将煮大麦粒挂在钩上作为钓饵，用葡萄式组钩或串钩施钩。如用海竿垂钓，按煮大麦粒、糕点渣（含糖）、麦麸、白面各 1/4 的比例配制，即成为专钓大鲤鱼的糟食。

（3）钓饵：鲤鱼的食性较杂，荤素都吃。但是在垂钓时，应按季节、水温用饵把握性较大。如严冬冰钓时，用摇蚊幼虫就能将鲤鱼钓上来。春、秋季水温低时，用摇蚊幼虫、蚯蚓较好；水温高的夏季，则以香甜饵最佳；在一些水库河流中，用小虾或虾仁钓鲤鱼，有时会取得非常好的效果。

如果用自制配饵，可以试用这个配方，也许会有不小的收获。熟玉米粉窝头30%、炒黄（黑）豆粉20%、炒芝麻粉20%、鱼骨粉15%、曲酒5%，拌匀，加水搓揉后备用。特别适用于在肥水池钓鲤鱼用。

（4）打窝：钓鲤鱼可采用多窝轮钓，就是一次选定多个钓点，并同时投下诱饵，后进行轮钓或选钓。使用此法的前提是人少岸长，有足够的地点供选作备份窝。具体实施时，可根据地形，每隔10 ~ 15米做一窝，共选定3 ~ 5个钓点投下诱饵，并在岸边做上标记，轮流施钓。也可通过观察，如发现哪个窝子有鱼星冒起，就可选窝下竿。

（5）钓技：鲤鱼吃钩后，在浮漂上的反应往往比鲫鱼吃钩后浮漂的反应要强烈、要猛。鲤鱼性格机敏、狡猾，警惕性高，挣扎力大，逃窜迅速。遇到食饵后不是马上咬钩，而是先用头拱、嘴唇碰、身子触及，若鱼饵对口味才咬钩。反映在浮漂上是先上下沉浮几下，然后突然沉没水中，渔线被鲤鱼拖走。送漂的情况较少，偶尔还有漂子在水面转圈圈的现象。比较大的鲤鱼咬钩后往往伏在水底不动，这时提竿的感觉是钩被树根、草茎挂住似的，这正是大鱼卧住不动的表现，这时要沉住气，把竿子斜着拉紧（斜度为60°左右），然后慢慢顺着鲤鱼的劲儿遛鱼。由于鲤鱼力大，狡猾，易脱钩，一定要沉着镇静，慢慢把鱼遛到水边，尽量用抄网抄鱼。

2. 手竿漂钩钓鲤鱼。将手竿装上漂钩钓鲤鱼，是利用浮漂的反应来传递鲤鱼吞钩的信息。

（1）钓具：手竿一根，6.3米为宜，采用长竿短线或长竿等线钓均可。鲤鱼喜在水底活动、觅食，因此，一般采用底钓，这就需要仔细地调配好浮漂与坠子的重量，并调整好浮漂露出水面的高度。若是七星漂，以露出3 ~ 4粒为宜（图5.11）。

图5.11 手竿漂钩钓鲤鱼

（2）诱饵：一是用油粕诱饵，油粕是指榨过油后的黄豆、菜籽、芝麻、花生的渣子，俗称豆饼、菜籽饼、芝麻饼、花生饼。它们各自都有一种特有的清香，将饼碾碎或再用文火炒香后即可用作干撒诱饵投入水中打窝。这种饼类的碎屑一经炒香，香味浓烈，有的单纯用这种粉末，有的要掺入一些面粉或玉米粉后投入水中作为诱饵。由于这种诱饵的香气特别强烈，常能将较远处的鱼儿引来，是诱钓鲤鱼的好诱饵。二是用酒糟 2 份、菜籽饼 1 份、米饭 1 份，三者调匀，对诱鲤鱼效果特别好。

（3）钓饵：一是用蚯蚓饵或摇蚊幼虫饵。二是用水剂郁金面饵，具体做法是用郁金 30 克、香薷 30 克切成段，与蔗糖 30 克一同浸入 410 克的曲酒中，15 天后即成芬芳的液体饵料。垂钓时，倒入或滴入面食中搓揉即成。此饵甘甜可口，为垂钓鲤鱼的佳饵。

（4）打窝：到了垂钓水域，选好钓点，打下窝子，就可准备下竿。如果窝子周围无水草、树桩等障碍物，钓线与钓竿可一样长或稍长；如果窝子周围有水草等，宜采用长竿短线钓。前者线长，钓到大鲤鱼后回旋余地大，不易断线；后者的饵钩进出水面时与水面垂直，能准确地将饵钩放入窝点，还不易挂草，但由于线短，处理不好易线断、鱼逃。现在有的钓者多采用在竿尖不远处上一小绕线轮，可储存 10 ~ 20 米钓线，就不易断线了。

（5）钓技：鲤鱼活跃、胆小，浮漂的反应是上下抖动，但升降幅度不大，若提竿则难以上鱼。只有当鲤鱼觉得钓饵好吃，才放心吞食，这时浮漂或是徐徐上升，或是徐徐下降，这是提竿的最佳时机，应迅即提竿，必能得鱼。由于鲤鱼的嘴巴肉较厚实，上颚又较硬，因此提竿时应用力较大，使鱼钩一下子扎入其唇部，不使其脱逃。提竿的要领是用手腕力加小臂的力迅速将竿尖上扬。这样提竿的优点是：动作快，力又不至过大。提竿后，如感到鱼不大，可缓缓将鲤鱼向岸边提拉。若提竿后感到很重，则是一条大鲤鱼，需要沉着冷静，迅速站好位置，准备将这条大鲤鱼遛乏后提拉上岸。

3. 秋季钓鲤鱼。

（1）钓具：秋季是钓鲤鱼的旺季，要想在该季节钓获更多的鲤鱼，钓具也有讲究，要求使用 6.3 米的长竿，直径 0.4 毫米的钓线，伊势尼大钩，最好用双钩，钓获量更大，浮漂用七星漂或用立漂。

（2）浑水下钩：浑水下钩是指钓友应选择 1 年以上未干过，水深在 1 米以上，水色呈微浑或较浑的水塘作为钓场。这是因为：①鲤鱼是制造浑水的“专家”，它靠其发达的颌骨挖掘底泥觅取食物，弄得一股股浑水和一层层鱼星泛出水面，因此，凡是有鲤鱼群的水塘，水均被它们搅浑；②鲤鱼喜欢弱光，常栖息在水色昏暗、透明度较低的深水中。

（3）诱饵：最有效的是用蚯蚓诱饵。将蚯蚓捣烂，掺入饵料投于钓点。做诱饵时，以粗大的黑蚯蚓为好，它腥味很重，对鲤鱼有奇效。

在秋季钓鲤鱼，我们还可以试用另一种诱饵配方，就是将麦麸 20%、豆饼粉 27%、玉米面 25%、鱼粉 28%混合，按 500 克料加 50 克曲酒或白酒的配比拌匀，调制成腥味很浓的高蛋白诱饵。用于诱钓鲤鱼，效果很好。

（4）钓饵：钓饵采用面坨挂钩法，效果较好，面坨的制作也因不同的配方而有一定的差异，下面介绍几款有效的配方与制作方法。

一是将饼粉 40%、麦麸 15%、玉米面 15%、鱼粉 30%混合拌匀，放到蒸笼里蒸 20 分钟至熟，散热凉透后装入塑料食品袋带到钓场，用时点几滴曲酒，加适量干面粉黏合，装钩使用，上钩率很高。

二是将豆饼粉 25%、蚕蛹粉 10%、混合饲料 30%、鱼粉 10%、玉米粉 10%、熟猪血 15%加在一起拌匀，再加些面粉作为黏合剂，调至黏度适宜即成。

三是将麦麸 100 克、小麦面粉 40 克、商品钓鲤鱼香精半袋，倒入一器皿中拌匀，再加入适量的纯净水后反复搓揉，使面团的弹性和韧性达到最佳状态，其软硬程度适中而稍偏硬（可延长换饵时间，也不影响鲤鱼咬钩），然后将面团放入双层塑料袋中扎口备用。

垂钓时，每次取红枣样大一坨面饵，将整只钓钩包住，呈椭圆状（不露钩尖），再轻轻投入钓点垂钓。面坨挂钩钓鲤鱼的好处较多：①适合鲤鱼喜荤更喜素的口味；②面坨散落水底，形成较多的诱饵，具有诱钓一体化的效果，而且诱鱼快，遛鱼久，鱼儿容易上当而频频咬钩；③换饵次数相对减少不易惊鱼；④能对抗小杂鱼闹窝，方便鲤鱼咬钩，创造了良好的“优窝”环境。

（5）钓技：巧用双钩是秋季钓鲤的一个技巧，就是将脑线等长（约 10 厘米）的双钩均挂上述面坨施钓。这样，钓饵沉入钓点后基本靠在一块，目标大、气味浓、诱鱼快、鱼咬钩欢（图 5.12）。鲤鱼咬钩时一般会出现三种漂相，即多数为黑漂，少数为送漂，个别为领漂。垂钓中要相对钓钝，漂尖露出水面 4 ~ 5 目，当开始发现黑漂、送漂、领漂的瞬间，3 秒后再抖腕提竿。稍缓提钩，主要是根据鲤鱼先“叼”

后“吞”的咬钩特点，让其将钩饵“吞牢”后再提竿，这对于减少提空钩、防止鱼脱钩都有很重要的作用。

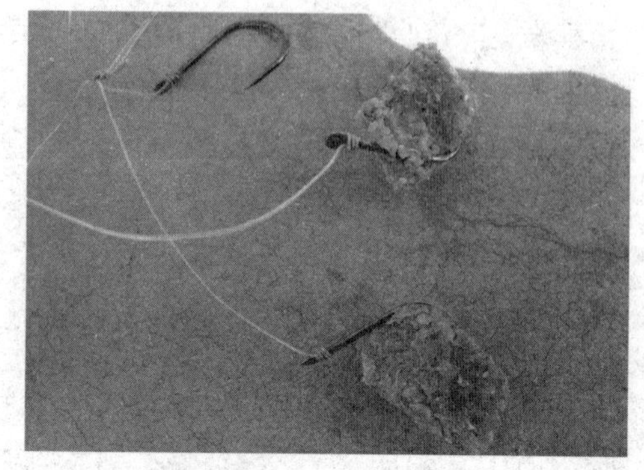

图 5.12　巧用双钩

第三节　鲢鱼的垂钓

1．手竿锚钩钓鲢鱼（图 5.13）。

（1）钓具：手竿锚钩钓鲢鱼，是钓沉水而不是钓浮水，了解这一点很重要。钓竿用中硬竿，钓线直径为 0.4 ~ 0.5 毫米，钓竿长 5 ~ 6 米，钓钩可用中型三爪锚钩（图 5.14），也可用大型长柄钩，如鹤嘴形 114 ~ 115 号、袖形 315 ~ 316 号等，将长柄部分用直径 0.3 ~ 0.4 毫米的尼龙线捆牢，再掰开呈锚状。安上浮漂使其直立水中。

图 5.13　鲢鱼

（2）钓点：按照一般的选择钓点的技巧，根据具体的水域来科学选择，钓点要求操作方便，避开吵闹的场所。

（3）诱饵：由于这种技巧钓鲢鱼是不需要钓饵的，因此把鱼引诱来并留住就显得非常重要了。这就是诱饵的任务了。

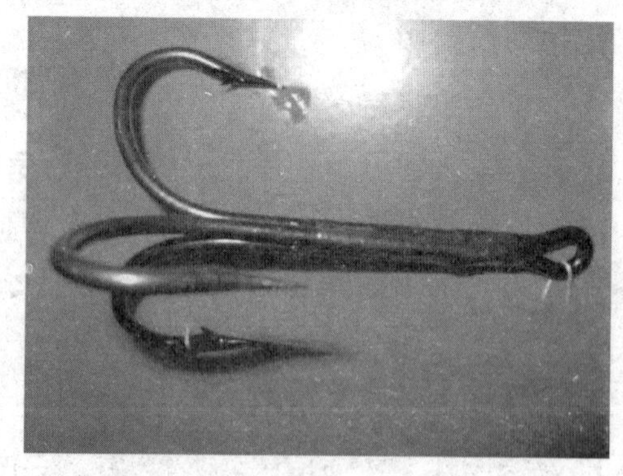

图 5.14　钓鲢鱼的锚钩

最有效的就是制作酸糟食作诱饵，它是以发酸的糟食基础料加入粮食粉末合成的饵料制成，还加有一些发酵过度的臭味物如臭豆腐乳汁或臭腌菜汁，使这种钓饵不仅有酸味，而且含有臭味，对鲢鱼和鳙鱼具有特别强的吸引力。酸糟食的基础料大都以玉米粉为主料，约占总料的一半，再用共占一半的豆饼粉、麦麸粉、面粉及少量酱渣、糕点、饼干渣混合后拌匀，放置在阳光下晒上 10 多天，吸收热量，以加快发酵进程。经发酵后，就成为既酸又甜、有香酸味的酸糟食的基料。

（4）钓技：到达预定水域后，往钓点处撒大量酸饵，将鲢鱼诱集过来，锚钩上不装饵料，将锚钩轻轻沉于钓点，这时钓者应仔细观察浮漂。若发现浮漂略有所动，说明鲢鱼在钓线周围活动撞动了钓线，这时即应迅速提竿，使锚钩在急速上升时钩住鱼体，由于钩大尖利，很容易将钓线周围的鲢鱼钩住；若没钩住，可再次下钩，如此反复多次。在钓到鲢鱼时，不能稍有懈怠，要掌握好遛鱼技巧，这样才能使鲢鱼乖乖就擒。

2．用手竿外搭钩钓鲢鱼。

（1）钓具：选用硬质粗尖鱼竿，渔线一般都采用直径 0.4 ~ 0.5 毫米的锦纶线。线端拴长短两组钩具，短钩脑线长约 15 厘米，以 2 ~ 4 枚 11 号钩结为一组，主要用于上鱼饵；另一组脑线长约 20 厘米，拴 4 ~ 6 枚大钩，主要用于钩鱼。浮漂用七星漂为宜，不另加坠子。

（2）诱饵：用玉米粉、豆饼粉、麦麸各 1 千克，文火炒香，混匀后用开水湿透，装塑料袋密封 1 周发酵即成，诱鲢鱼效果显著。

（3）钓饵：将碎豆饼 5 份、粗玉米面 4 份用温火炒出香味，加入鲤鱼颗粒饲料 3 份，再拌入少许曲酒和蜂蜜。如果饵料不黏，那就要拌些糯米粉，然后加入臭豆腐汤和米醋，慢慢发酵 10 ~ 15 天即可。

（4）钓技：将发酵的酸食捏成乒乓球大小，将短钩埋在饵团内，长钩不上食，而后将钩轻轻投入水中，待鱼来吃食。如果浮漂急速下沉，这时要及时抬竿。另一种反应是浮漂出现不规则的摇晃，这是鱼儿在饵食旁游动时碰动渔线，应及时地猛抬鱼竿，靠长钩将鱼挂上来。而后视鱼的大小，小鱼可以直接提上岸来，如钩住 1 千克以上的大鱼，最好准备一副柄长 1.5 米、网口直径 30 ~ 40 厘米的抄网，将鱼牵至岸边用抄网抄比较保险。

第四节　鳙鱼的垂钓

图 5.15　鳙鱼

1．海竿浮钩钓鳙鱼（图 5.15）。

（1）钓具：制作浮钩钓组，取一只直径 4.5 厘米、长 7 厘米的塑料瓶，把钢锯条在火上加热，在瓶体上等距离地烙出 8 道长条形槽沟，以便瓶中的钓饵能顺利地从沟槽中漏出，再在瓶子的底部用铁丝烙出 6 个直径 1 毫米的孔洞，用于固定拴钩的子线。在瓶盖上烙出一个直径 1 厘米大小的孔洞，便于组钩与主线连接。

1）钓组：取 6 只钩门宽、钩底深的伊势尼 12 号钩，用 45 厘米长的子线拴结，以保证拴结组钩的子线有 20 厘米的长度。

2）组装钓组：打开瓶盖将钓钩从瓶子底部孔洞中穿至瓶外，再将组钩的子线穿过瓶盖的孔洞，并打上一个死结，以固定钩组的子线使其不能从瓶盖的孔洞下滑，一副浮钩钓组即可完成。这种钓组因为是螺旋盖，所以抗冲击性能好，不会因为抛投的力量过大，造成瓶盖脱开使钓饵脱落，使饵在水中不能保持较长的雾化时间而频繁地换饵，减少了不必要的麻烦，增加了施钓的时间。

3）钓组的搭配：先将与鱼漂浮力相等的空心铅坠用主线穿过，穿上一粒挡豆，再穿上鱼漂，穿好漂后再上一粒挡豆，主线的一端拴连接器与钓组相连。使用时根据自己事先选择的钓点，调节好所钓的泳层，旋开瓶盖，将钓饵装进药瓶中即可开钓。

抛竿浮钩钓取的鳙鱼一般个体较大，故在选择抛竿时，要选择竿长不小于 3.6 米、调性略硬的抛竿，渔线轮要用储线为 80 ~ 120 米的纺车形轮，钓线直径 0.45 毫米即可，太粗的线不利于远投，还会影响灵敏度。

（2）诱饵：取小米 500 克煮熟，煮熟后呈粒状，但又能用指头压扁最好。在小米饭中加优质曲酒 100 克、少量臭豆腐汁，盛于陶瓷瓶内密封，置于避风温暖处，大约 1 周，诱饵发出强烈的酸味即可使用。此诱饵使用时如太稀，可加入适量的米糠菜籽饼粉，直到捏成团，入水又能溶散的状态方可使用，成团能准确投放，溶散则诱鱼面积大。

（3）钓饵：取2 000克的玉米粉加少量的面粉，配以鲜酵母拌和，在高温的条件下静置1小时，待饵料发出酸味时，再加上少量的面粉和虾粉，如有条件的话还可以掺一些蒜粉，或是王致和品牌的臭豆腐汁，效果会更加明显（图5.16）。

图5.16 钓鳙鱼的钓饵

（4）钓点：鳙鱼喜爱藏身于水流较缓和水草生长繁茂、氧气充足的水域。浮钩钓鳙鱼最佳的钓场是透明度较高的瘦水，一旦钓饵入水后，即刻雾化成一片饵带，很容易诱来鳙鱼群。

（5）钓法：将调好的钓饵装入小瓶内旋紧瓶盖，做窝的饵料尽可能调得干一些，使饵在水中雾化得快一些，并要保证有一定的频率。鳙鱼中钩的鱼讯主要有以下四种：一是抖漂，二是黑漂，三是抬漂，四是领漂。鱼漂抖动则表明钓者并未扬竿，但鱼在未受外力的作用下已经中钩；黑漂，是鳙鱼吃钩的标准信号，钓友要根据这样的信号及时扬竿；抬漂，是鳙鱼吃钩信号较复杂的一种，有时是争饵的鱼身体蹭线或是碰撞鱼漂而出现的信号，这种情况下扬竿只有50%的中钩率；领漂，在鳙鱼密度较高的场所，钓点内鱼较多的情况下，时常出现钓饵刚入水，鱼漂就被斜向或是横向牵领，这时扬竿成功率最高。鳙鱼的漂讯简单，容易识别，通常动作越大鱼越小，动作越小鱼越大，钓饵越接近底层钓获的鱼越大。

2. 水库钓鳙鱼。

（1）钓具组合：宜用长度3米左右中硬投竿，中号绕线轮，直径0.35毫米的钓线，钩门宽、钩条粗的短柄钩。

（2）饵料：在水库里钓鳙鱼，可用诱钓合一的饵料，制作方法是用玉米面25%、细米糠（炒香）35%、新鲜菜籽饼粉25%、糯米粉15%或面粉15%，加适量过滤后的水和匀，蒸成馍，揉散。按以上总量，加5%～8%鱼粉或蚕蛹粉，10%～20%鲜酵母，充分揉匀。前一天做好，装塑料袋密封，第二天用时有一股醪糟和鱼饲料香味，还有谷物清香，微甜酸，鳙鱼爱吃。也可做成臭饵，方法是不加鱼粉，改用血粉（或禽畜鲜血浆），使饵料具有腥气。

上饵时，饵团捏成鸭蛋大，拉伸脑线，引至周围，把钩尖浅插入饵团上，避免抛投时挂钓线。入水后，由于线的弹力，钩会自然散开在饵团四周饵粒散落浓密区，鱼吸食饵浆时，便会同时吸进钓钩。

（3）垂钓时间：从全年看，最佳时间是 5 ~ 10 月。从全天看，几乎 24 小时都能钓到。最佳时间为夏天 4 ~ 9 时、11 ~ 14 时、19 ~ 23 时这三个时段。从天气情况看，有雾、大风暴雨、闷热气压低时不利垂钓，其他天气均可垂钓。

（4）钓点：大堤前面，网箱养鱼附近，半岛突出部位深水区，长形水域腰部深水区，这些地段都是鳙鱼游弋觅食场所。看准钓点后，在岸边选一平坦安全地方，摆开钓具，抛竿垂钓（图 5.17）。经常往来行船、修船作业、围网捕鱼、鸭群嬉游、浅滩、经常洗衣淘米洗菜水域的附近是钓不到鳙鱼的。

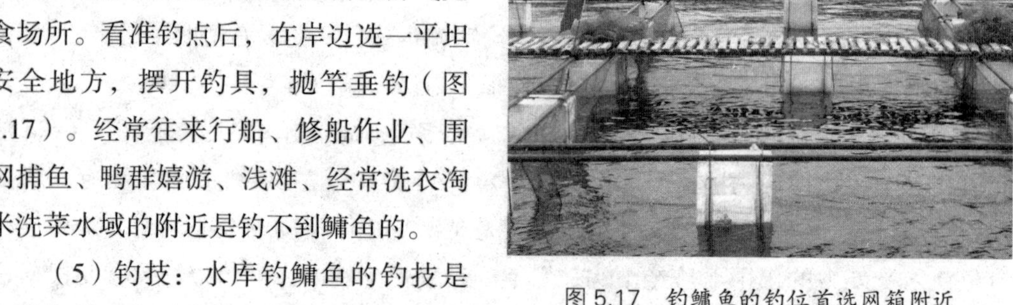

图 5.17　钓鳙鱼的钓位首选网箱附近

（5）钓技：水库钓鳙鱼的钓技是有讲究的，主要掌握以下几点才能钓到鳙鱼。

1）快速投饵：大面积水域鱼群的密度不大，宜用多副钓组。将饵团逐个做好，一次连续投入钓点，缩短惊扰鱼群时间。落水点间距不少于 3 米，准备好大口抄网。

2）备用饵团：如用 5 副钓组入水，要有 10 副组钩。投饵后，赶快做好另外 5 个备用饵团。

3）远与静：白天，鱼群很少到近岸活动，投饵宜远不宜近，宜静不宜闹。

4）适时换饵：丢一饵团在面前水底，隔些时候看其溶化程度，好掌握换饵时间。也可从漂相判断：浮漂升高——饵团溶解约一半了；浮漂倾斜或平卧——饵团快化完了。

5）判断上鱼：看到浮漂微摆，略有上冲下沉，过后是慢慢旋转，是挂上了麦穗、白鲦这一类的小鱼。看到附近水面有较大箭头状波纹，是大鱼来了，注意邻近的漂。当看到浮漂左右摇摆，上下蹿动，几次过后沉没水中又不见，这时提竿收线必得鱼。

6）慢收线：鱼大口快速吸进粉饵水浆时，有 1 只钩（偶尔 2 只钩）随水浆进入鱼嘴，大多进入口腔不深，收线过快易拉豁鱼嘴。慢慢收线，在鱼摇摆挣扎时还会被其他钩挂住身体，越挣越牢。

7）遛鱼与抄鱼：2 ~ 3 千克的鱼用不着长时间遛，把鱼领到近岸时，只要看清楚有 2 只以上钩挂住它，钓鱼高手就可以放心用大口抄网对准鱼头将其抄入网中，提网上岸，在安全地方摘钩取鱼入护。

第五节　青鱼的垂钓

1. 手竿漂钩钓青鱼（图 5.18）。

图 5.18　青鱼

（1）钓具：用手竿钓青鱼，其钓具的选择要考虑到青鱼力大、蹿跳力强的特点，应选择强度高的钓具。钓竿用 5 ~ 6 米的中硬竿或硬竿；钓线用直径 0.4 ~ 0.45 毫米的尼龙线；钓钩用钩条硬而韧、钩门宽、钩身长的短柄钩，可用单钩、上下双钩或扁担双钩；坠子稍重，浮漂稍长。

（2）诱饵：一种是用螺、蚌诱饵，螺蛳、蚌类是青鱼的天然饵料，捞取螺蛳、蚌类（最好是垂钓水域中的），越多越好，就地砸碎，捏成团甩向钓点（不必去壳）。

还有一种是在江苏、浙江等地钓鱼高手惯用的高蛋白青鱼糟食诱饵。制作方法是用菜籽饼粉 40%，炒香加入面粉 15%、蚕蛹粉 35%、鱼粉 10%，加少量水拌匀，用力捏成团即成。

（3）钓饵：钓饵可优先选用螺蛳，然后再考虑其他饵料。用螺蛳装钩时，应选中等的螺蛳，将螺壳砸碎直接装钩，或去壳取肉装钩。随之将饵钩投于钓点，饵钩不要沉于水底，最好使饵钩离底 10 ~ 20 厘米。

（4）钓点：要选择水底有丰富的螺、蚬、贝类底栖动物的水域，钓点应选择离岸边远一点、相对安静的区域。

（5）钓技：在选择好钓点后，先打窝子，窝子宜大些，下饵量宜多。青鱼摄食后将食物吸入嘴中，再利用咽齿将食物磨碎后吞咽。浮漂一般没有逗漂或顶漂现象，反应是缓慢而平稳地没入水中，下沉越稳，说明鱼越大，在浮漂全部没入水中时即可提竿。由于青鱼力大，若鱼钩钩住鱼唇，它便会发威，负痛狂蹿。这时钓友不能惊慌，要稳住心态，但反应要快，在提竿时若发现鱼较大，要迅速下蹲，将竿尖上扬，使钓竿呈弓状，利用钓竿的弹性与青鱼周旋，消耗其体力。切忌强行提竿，要使钓线处于绷紧状态，使青鱼始终处于弓形钓竿的弹力控制之下。经过几个回合，待青鱼体力耗尽，才能用抄网抄鱼上岸。

2. 海竿钓青鱼。

（1）钓具：钓竿用 3 米左右长的中硬玻璃钢竿或碳素竿；钓线应粗而结实，一般用直径 0.5 ~ 0.6 毫米的尼龙线，线长 100 ~ 150 米；要用大型的、性能较好的绕线轮，能绕上所需长度的钓线；钓钩应用大钩，如日本产伊势尼 11 ~ 12 号钩、国产伊势尼 513 ~ 514 号、丸形 914 ~ 915 号等，可用串钩，但用得最多的仍是炸弹钩。

（2）诱饵：①用蟹肉诱饵，南方水渠旁、池塘边野生的小蟹很多，用蟹肉配制诱饵，青鱼很爱吃。将蟹捣成碎屑，按蟹肉 60%、麦麸 20%、面粉 20%混合，加少量水拌匀，捏成团即可。②螺、蚌、蚬肉或混合诱饵，螺肉、蚌肉、蚬肉或混合肉 50%，用绞肉机绞成馅，再取豆饼粉 35%、面粉 15%，另加食盐按 500 克饵粉加 5 克，混合拌匀即可使用。③用浸泡过的整粒小麦和砸烂的螺蛳掺和做窝，效果也不错。

（3）钓饵：在用串钩时，钓饵可用荤饵，如螺蛳、蛤、蚌肉等。

在用炸弹钩时，则用粉粒饵料配制的糟食饵，可用 50%的麦麸、20%的菜籽饼、20%的小麦、10%的面粉，握捏成鸡蛋大小的团饵施钓。

（4）钓点：首先，应选择在远离干扰、人迹罕至的僻静处，有一定深度的水域。螺蛳、蚬、河蚌密集，水下有乱石的环境，是钓取青鱼的上佳钓点。其次，选择水库、湖泊的堤坝处和有深水湾的地方，最佳的水深度为 3 ~ 8 米。

（5）钓技：使用海竿钓青鱼，首先要用抛重饵的方法诱鱼，然后将海竿饵钩抛投入水后，支好海竿，绷紧钓线。青鱼吞饵时，一般是竿尖慢慢下弯而不猛弯，也不像小鱼吞饵时竿尖出现抖动，这可能是大鱼上钩了。在竿尖下弯时即应猛力扬竿，以挂牢鱼唇。青鱼在发现被钩住后，就会发威狂蹿，若准备不及，线断、鱼逃，甚至钓竿都会被拖入水中。青鱼在被钩住的第二个反应就是狂蹿，它将带着饵钩朝深水中蹿去，一般可蹿数十米，其速度之快、力量之大，超过任何其他鱼类。在青鱼狂蹿之前，钓者应调好绕线轮上的曳力器，使青鱼狂蹿时带一定阻力，以滞缓其速度。这第一蹿最凶猛，在它力尽停止狂蹿时，应立即收线，以迎接它的第二次狂蹿，青鱼也就是在这种狂蹿中逐渐耗尽体力，也只有使它耗尽体力，才能力竭被擒。

第六节　草鱼的垂钓

1. 巧设草窝诱草鱼（图5.19）。

图 5.19　草鱼

草鱼，顾名思义就是喜欢吃草的鱼，因此根据不同的水体情况人为地设置不同的草窝可以有效地垂钓草鱼。

（1）钓具：海竿串钩，竿长 3.6 米即可，6 ~ 8 只钩串成一组钩，绕线轮用中号即可，储线 50 米左右。也可用 7.2 米的硬调长手竿，齐竿线，线径 0.45 毫米为宜，七星漂或立漂均可。

（2）诱饵：也就是要人为设置的各种草窝，根据不同的要求可以分为以下几种。

1）设水底草窝：一般说来，气温 30℃以上，水深在 1.5 米左右，草鱼多在水的下层活动。在这种条件下，比较适宜设水底草窝。设置方法是将专门喂养草鱼的黑麦草、苏丹草，投到适当距离的钓点处。用硬质泥块或砖块将草株沉入水底，形成水底草窝。此种草窝隐蔽性好，草鱼很快就会大胆地成群进窝吃草。

2）设半浮草窝：一般说来，阳光强烈或 3 ~ 4 级大风天气，草鱼多在水的中、下层活动。在这种条件下，比较适宜设半浮草窝。其设窝方法与设底窝基本相同，不同的是所用草的长度必须是水深的一半左右。此种草窝同样隐蔽性好，目标也较大，诱鱼效果明显。

3）设立体草窝：是指用与水深基本等同的长株草设草窝。一般说来，在天气正常条件下，均适宜设此种草窝。设置方法是将与水深基本等同的长株苏丹草，连根带泥块挖 1 ~ 2 蔸，投到适当距离的钓点处。由于泥块的重力，草株在水中呈站立状，形成立体草窝。此种草从水底一直延伸至水面，目标大，诱草鱼群进窝更快。

4）设全浮草窝：是指将草窝设在水面上。一般说来，在每日 6 ~ 9 时或阴雨天（小雨），草鱼多在水的上层活动。在这种条件下，比较适宜使用此种草窝。设置方法又可以分为几种：一是设移动全浮草窝，将草从底部割断，扎成较大的草把，将其投到适当距离的水面上，让其在水面随风漂动诱鱼。二是设固定全浮草窝，将草扎成较大的草把，用一定长度的吊线，一端捆住草把，另一端绑一块砖块，将其投到适当距离的水面上。砖块迅速沉入水底，将草窝固定在水面上诱鱼。此种草窝目标大，诱鱼效果很理想（图 5.20）。

图 5.20　全浮草窝

（3）钓饵：根据草鱼的摄食习性，钓饵可以用设置草窝用的黑麦草、苏丹草或嫩青草及其他合适的水草，在深秋也可用蚱蜢、油葫芦等动物性饵料垂钓。

另外也可以根据草鱼的吃食情况，人为设置混合钓饵，其配方与制作方法也很简单，就是将玉米粉 10%、麦麸 20%、糠饼粉 50%、鱼粉 20%，加入曲酒 200 毫升，把以上各种原料混合在一起拌匀，装在塑料袋内密封一昼夜。需要使用时再加些面粉和水将其揉搓均匀，使其黏性和干湿度适宜即成。

（4）钓技：垂钓时，应当根据当时的天气、水情，既可以一次性设一种草窝 2 ~ 3 个，又可一次性同时设不同的草窝 2 ~ 3 个，窝距保持 10 米左右。这样，利于诱鱼、轮钓，上鱼时也不互相干扰。钓时，当发现某一草窝鱼星、草渣不断上冒成浮草，窝的草被鱼拖动频繁，说明草鱼群已经进窝，应立即下钩垂钓。等到漂相有反应时，就要立即提竿。

2. 手竿浮钓草鱼。

（1）钓具：手竿采用 7.2 米长的硬调长竿，钓线用直径 0.5 毫米的粗尼龙胶线。

鱼漂使用20厘米长的长身立漂。钩用伊势尼514大钩，可用单钩，也可用由2 ~ 3只单钩组成的串钩，串钩能适应水体的不同深度，更灵活一些。浮漂应用浮力较大的短漂，鱼坠重量要轻于鱼漂浮力，使钩入水后，不沉入水底，鱼漂露出3 ~ 5厘米。

（2）钓点：钓草鱼的钓点可以根据草鱼喜食的食物而决定。在江河流水处的洄水湾、浅滩处、涨水时被水淹没的草丛处，饵食丰富，均是钓草鱼的好钓点。在产卵时节的产卵场附近，草鱼群集于此，那里也是较好的钓点（图5.21）。

图5.21 钓草鱼的钓点

在静水水域，若是定点喂食区、有流水注入处、水域中水草较多处、岸边树木杂草丛生处、靠近庄稼地、草地等处，这些地方有草鱼喜食的丰富饵料，均可作为草鱼的钓点。

（3）诱饵：钓草鱼的诱饵主要是青草类和配合素饵，青草类中的芦苇、嫩玉米叶、菜叶等均是好诱饵，将它们用绳子捆成1捆，投放至钓点即可。

配合素饵主要是粮食类饵料，如豆饼、糠饼、麦麸、玉米粉等，将它们混合投放，或进行轻微发酵，使其略带酸味，再略加曲酒，即成好诱饵。这里介绍一种诱饵配方，取豆饼末、麦麸、玉米面各1/3，将豆饼末、麦麸用文火炒香后，晾凉，也可再加入适量曲酒等调味，将玉米面加水煮成玉米糊，倒入炒香的豆饼末、麦麸中拌均匀，将湿度调至糟食黏度的标准即可，抛出不散，落水后能保持5分钟能散开即可。

（4）做窝：撒饵多少要根据水面大小和鱼的密集度而定，总的原则是诱饵要多，目标要大，这样鱼易集中，诱鱼就快。以鱼漂为靶，将酒糟捏成团抛向鱼漂的位置，撒窝应隔10分钟撒一次，以保证稳定发窝。

（5）钓饵：草鱼虽属草食性鱼类，但喜食的饵料却有荤有素，所以垂钓草鱼时，可以在主线上安装一上一下两个鱼钩，装一荤一素两种饵。

荤饵有蚱蜢、青虫、活虾、蚯蚓、蟑螂、油葫芦等。素饵有鲜嫩草尖、轮叶黑藻、南瓜花、桑葚、嫩玉米粒、麦芽、半熟的甘薯丁、马铃薯丁、配合酸面饵、配制的酸糟饵等均可，不少养鱼场用颗粒饲料养草鱼，所以颗粒饲料也是使用起来简便有效的钓饵。

这里介绍两种有效的草鱼钓饵配方，一种是将黄色玉米加水磨成浆，放在温度稍高的地方发酵至发出微酸味，然后放进锅中蒸熟就能用。此饵颜色金黄，酸中带有甜味，是钓草鱼佳饵。另一种就是取新鲜大马铃薯 1 千克，去皮蒸熟，捣成泥糊糊；干酵母一个，用温水浸泡，散开后揉进捣好的马铃薯泥中，并搅拌均匀；随后将马铃薯泥用透明食品袋裹 2~3 层封装发酵。待发酵好后，把马铃薯泥倒入备好的容器里，同时加入白砂糖 75 克、香油 10 克、鱼骨粉 50 克、精细玉米粉 100 克、面粉适量，进行调和，直到自己手感满意为止。

也可以用上述配好的马铃薯泥 50%，加上粗麦麸 20%、细尾粉 10%（与麦麸一道蒸熟）、新鲜菜粕 15%、香蕉香精 10 克、面粉适量，一起搅拌调和即可使用。

（6）钓技：7 ~ 8 月气温高，早晚钓草鱼时可让钓饵在离水底 80 ~ 100 厘米处悬浮，中午可定在离水面 100 厘米处悬浮。浮漂的反应是上下抖动，而后被拖入水中。由于草鱼贪食，见了钩饵不轻易放过，因此，只要它吞食，可待其吞进后提竿。不能性急，若急于提竿，往往落空。待浮漂入水后，稍等片刻提竿，草鱼就难以脱钩了。

3．手竿底钓草鱼。

（1）钓具：在使用手竿底钓时，手竿采用 7.2 米长的硬调长竿，钓线用直径 0.5 毫米的粗尼龙胶线，可用齐竿线钓，也可用长竿短线钓。鱼漂使用 20 厘米长的长身立漂。饵钩沉底，使浮漂处于直立状态。钩可以用炸弹钩，也可用单钩或双钩。

（2）诱饵：钓前，在选定的钓点打窝子，草窝、饼块窝、糟饵窝均可，也可混合使用。常用的是用麦麸 6 份、血粉 3 份、玉米面 1 份，加水拌匀，引诱青鱼有特效。

（3）钓饵：钓饵的选择要根据水域、季节、喂食情况而确定，草饵、素饵、荤饵均可。若钓双钩，可一钩挂草饵，另一钩装荤饵或素饵，任草鱼选择，效果更好。也可以自配炸弹钓饵，垂钓前一天晚上制作，制作方法是将小鸡饲料 2 000 克、面粉 200 克、50 度以上优质曲酒 50 克、炼熟的山羊油 15 克、蜂蜜 15 克，加入开水，边加边用筷子搅拌，以不粘手为宜。稍凉后装入双层塑料袋扎紧口密封起来，第二天到钓场垂钓时，适当加一点香精。装钩时，先用面粉和玉米粉等份加点香油和白糖，用水拌和，黏度略大，用饵团将炸弹钩包裹，再把长线钩穿上整条蚯蚓，其他钩均匀插在饵团周围，抛入水中即可。

（4）钓技：将钓饵装钩后，投于钓点，饵钩沉底，浮漂处于直立状态。草鱼贪食，性愚钝，食量又大，它们被诱饵引来，常不分青红皂白，张口就吃。草鱼摄食较文静，浮漂的反应是先上下抖动，接着缓缓上升，再稳稳下沉，在这两种情况下，都应及时提竿，基本可以得鱼。

第七节　罗非鱼的垂钓

1. 手竿垂钓罗非鱼（图 5.22）。

图 5.22　罗非鱼

罗非鱼因贪吃易钓而备受钓者青睐，且有“初学钓者最佳入门鱼”之说，所以说用手竿钓罗非鱼是最常见也是最好钓的。

（1）钓具：钓罗非鱼多用手竿，长度 4.5 ~ 6 米；钓线直径为 0.15 ~ 0.2 毫米；浮漂用立漂或七星漂。若钓沉水，钓钩应刚好落底；若钓浮水，饵钩悬浮于水体中，要求浮漂的浮力应大于坠子和饵钩的重力。这两种钓法均要求仔细调整饵钩、坠子和浮漂的组合关系。

（2）钓点：钓罗非鱼，水温的高低是影响钓获量的直接因素。选择钓点时，应根据水温变化，灵活择点。一天之中，水温由低向高渐趋升高，罗非鱼则由深向浅处移动；而当水温再由高向低下降时，罗非鱼又由浅水向深水处移动。因此，早晚宜钓深水处，中午前后宜钓浅水处。向阳处、斜坡处或喂窝处，则是首选的钓点。

（3）诱饵：钓罗非鱼的诱饵，以混合饲料、菜籽饼、酒糟为好。这里介绍一个诱饵的配方，细米糠 250 克文火炒香，新鲜黄豆 250 克炒熟磨细，大米粉 250 克蒸熟，白糖 200 克，将米糠、米粉、白糖先拌和在一起，熟黄豆粉则用玻璃瓶装好，用时取米糠、米粉的混合粉 50 克和黄豆粉 25 克用塘水调和成能捏成松散的团子投放，这种诱饵黄豆香味极其浓郁，能起到较好的诱罗非鱼的作用。

也可用玉米面（炒香）4份、面粉2份、糠饼粉2份、蚕蛹粉2份，混合调匀即可。

（4）做窝：罗非鱼不怕惊扰、贪吃、咬钩大胆，喜聚集于离岸较近的饵料丰富水域，所以做窝宜做近窝。撒窝时，一般要撒1～2千克诱饵。窝子不要太远，一般离岸1～3米即可。窝子宽60厘米、长1.5米即可。

图5.23　罗非鱼的钓饵

（5）钓饵：钓饵应根据饲料条件和池塘特点进行选择，通常选用蚯蚓、草虾、面包虫、鸭肠、颗粒饲料和专用饵等。但是在浮钓罗非鱼时，用荤饵的优势较为明显，选择火柴梗大小的整条大平二号蚯蚓，鱼钩由蚯蚓颈部环节处穿入，让蚯蚓的尾头任意蠕动，入水后罗非鱼容易发现目标（图5.23）。

也可使用配合钓饵，用白面和玉米面以1:2比例加水和好，放入蒸锅中蒸熟后，晾凉，用白酒把面揉软即可，主钓罗非鱼。

另一种配方是用玉米粉60%、面粉10%、花生麸10%、小麦皮10%、黄豆粉6%、八角粉4%。先将玉米粉、面粉和小麦皮用小火炒到六成熟，发出一股香味后，加干净冷水调和成黏团状，放到锅里隔水蒸熟，冷却后加入花生麸、黄豆粉、八角粉和适量高度曲酒，一起搅拌均匀，反复搓压成大团，放入一个塑料袋里装好待用。

（6）钓技：罗非鱼吃钩动作轻微，常常是将钓饵含在口中，甚至不游不动。因此，浮漂的反应也是微动，很少有上下连续跳动的动作。单个立漂的反应是，略往下沉1～2小格，或直立变侧斜，或动几下就不动了，即可提竿得鱼。有时在徐徐拖拉或提逗中，即有罗非鱼咬钩，而浮漂则没有反应，往往是手感有曳而得鱼。

2. 夜钓罗非鱼。

（1）钓具：一般用手竿，长短不论。钓钩用15号上黑伊豆钓钩，钓线用4号以上的钓线；也可以插钓，钓线3米长左右，不加铅坠。

（2）天气选择：夜钓时对天气有一定的要求，雨天不宜垂钓，不论吹南风或吹北风，如果白天最高气温为25℃左右，夜晚最低气温在13℃左右，就是夜钓的好天气。

（3）钓点：选择钓位要找石壁、乱石处、有草的地方、伸出水库的凸处，这几处为最佳钓位。因为许多水库与江河相连，夏天涨水时，水库的水位往往随河水上涨 3 ~ 4 米；而水退得相当慢，翌年 2 ~ 3 月才退到平时的水位，罗非鱼都喜欢在这些地方活动，所以选钓位要选这些地点。

（4）诱饵：将麦麸末、豆饼末、面粉等掺和后炒香，再用纱布袋装起来缝合而成，每袋约为 100 克。这种诱饵对引诱罗非鱼相当适宜，袋装诱饵沉入窝点后，可从袋内透出强烈的香味，吸引较多的鱼前来聚集，但由于有纱布隔开，鱼不能咬到，只能在袋子的周围转来转去，或凑在袋子上吸取一些渗出的汁液。鱼常常是既吃不到饵食，却又舍不得离去，这对夜钓很有利。

还有一种配方就是将玉米面 7 份、豌豆粉（炒香）3 份，加入少量香油、曲酒，浓香扑鼻，有极强诱鱼力。

（5）钓饵：选用筷子头粗的大蚯蚓，夜钓效果最好。每次夜钓要准备好 40 ~ 60 条大蚯蚓；用小剪刀把整条大蚯蚓剪成两三段，装钩有讲究，尤其是头、尾两段。头部的一段，钓钩要从颈部白色环的地方往下穿，直至没钩柄，钩尖要外露；尾部一段，钓钩要从距尾部 2 厘米处往身下穿钩，直至没钩柄，钩尖同样要外露；中间一段随便穿钩，钩尖也要外露。用小蚯蚓，每把钩要上两条蚯蚓，钩尖不外露（图 5.24）。

图 5.24　夜钓罗非鱼时的蚯蚓装钩

（6）钓技：装好饵后，就可以抛竿施钓，最好靠边施钓。钓饵要落底，让浮漂平躺在水面。当罗非鱼吞钩时，浮漂马上直立，这就是罗非鱼试钩的信号，只见浮漂被拉没入水中。靠观察竿尾的渔线来确定其拉向，当确定其不变向后，用力一抽，让钓钩牢牢刺入鱼口，不用遛鱼，凭着竿硬、线粗、钩大，直接把鱼拉出水面（图 5.25）。

图 5.25　夜钓罗非鱼

第八节　翘嘴红鲌的垂钓

1．手竿钓翘嘴红鲌（图 5.26）。

图 5.26　翘嘴红鲌

（1）钓具：选用轻质中调手竿，竿长 4.5 ~ 6.3 米为宜。钓线用直径 0.3 毫米的强力尼龙胶线，线长与钓竿等长或略长于钓竿。钓钩选稍大些的伊势尼 513 ~ 515 号钩即可，绑成单钩或双钩。用小漂小坠，或不用漂。

（2）钓时：翘嘴红鲌全年觅食，即使是冬天，也有摄食要求，但春末至秋初是它的摄食旺季，夜钓收获也很好。翘嘴红鲌的摄食高峰在清晨至上午10时左右、下午4时至午夜时刻，在这段时间垂钓，收获必大。

（3）钓点：翘嘴红鲌居无定所，但哪里有食物，就往哪里去，故饵食充足的地方必然是它的好钓点。以下位置可作为钓点考虑：江河流水中大浪与静水小波的分界处（俗称水线），水流较平缓的浅滩、湾汊处的饵食较多处，可选作钓点。水域中有活水流入处，生活污水注入处及码头旁；在静水中有稀疏水草，或水草丛生处有较少水草的地方，或明水与漂浮物相交之处的风线位置，饵食都较丰富，是翘嘴红鲌喜欢觅食之处，也均可选作钓点。

（4）诱饵：翘嘴红鲌是肉食性鱼类，诱饵主要用荤饵，如小鱼、小虾等，将其撒入钓点。也可用粉粒状粮食类饵料，将其撒入水中，顺风漂流，白鲦闻味前来觅食，云集于此，而白鲦是翘嘴红鲌最喜食的饵料，它们也会随之而至，来捕食白鲦，这样，也起到了诱集翘嘴红鲌的作用。粉状诱饵的配制方法是将麦麸、糠末和面粉置锅中炒熟至金黄色，再用煮成黏糊状的糯米粥掺入，调拌均匀，揉成鸡蛋大小的团子，置阴凉通风处晾干。用时再加入少量鸡蛋，则诱饵的凝固度更强，入水后散开的时间可延续更长。这种诱饵的优点是，因其体积较大，小白鲦不能一口吞食，又因其香气四溢，使小白鲦不愿离开，长时间在饵食周围徘徊不去，从而吸引了翘嘴红鲌前来捕食，对垂钓十分有利。

（5）钓饵：以荤饵为主，也可用拟饵。荤饵主要是小活鱼、小虾、蚱蜢、蚯蚓、青虫、飞蛾等，荤饵要求鲜活，不能用死的。另外，拟饵也是重要钓饵，这是因为翘嘴红鲌视力不好，游速极快，多数来不及分辨出是否可食便将认为可食之物吞于口中，因此，拟饵也可作为翘嘴红鲌的钓饵。活饵装钩时不要把昆虫刺死，钩不要刺得过深，钩透表皮或颈间软组织挂住即可。

（6）钓技：把钓饵甩到诱饵区，再慢慢地将钓饵拉回，往复循环。当鱼发现钓饵时，会迅速地追赶并吞。一旦鱼中钩，会横冲直撞，力气很大。因此，提竿不能过猛，因该鱼吻薄，很易钩豁，此时要绷紧钓线，缓缓地引遛其到岸边，再抄鱼上岸。

2. 海竿挂活饵带浮漂冰钓翘嘴红鲌。

（1）钓具：这种钓法可使用竿长 1.8 ~ 2 米的轻便小海竿，配小型旋压式绕线轮，钓线选直径 0.30 ~ 0.35 毫米的尼龙线，长 60 ~ 80 米。浮漂可用圆柱形短浮漂。钩组组合方法为坠下钩配一小型开口坠。坠子与钓钩相距 15 ~ 20 厘米。钓钩可选用伊势尼 9 ~ 11 号。

（2）钓时：在冰层封冻 10 厘米左右厚时进行，宜选择在白天中午进行。

（3）钓点：按冰钓要求选择适宜的钓点，最好选择冰层下面有黑影的地方进行冰钓。

（4）钓饵：冰钓时不用诱饵，也不用拟饵，而是用活饵，主要是小活鱼、小虾、蚱蜢、蚯蚓、青虫等，要求鲜活，不能用死的。

（5）钓技：将装好活鱼的饵钩放入凿好的冰眼，冰眼应凿得稍大些，使活鱼能有较大的活动范围。待饵钩落底后，再向上提起钓线的 1/3，并安装浮漂。这样，钓饵即在水体中下层游动，诱使周围游弋或过路的翘嘴红鲌捕食。当浮漂突然沉没时，要用力提竿。

3. 手竿挂活饵冰钓翘嘴红鲌。

（1）钓具：使用长 2 米左右的手竿，采用长竿短线，线长约 1.5 米，直径 0.3 毫米，钓线上不装浮漂。

（2）钓时：在冰层封冻 10 厘米左右厚时进行，宜选择在白天中午进行。

（3）钓点：选择冰层下面有黑影的地方进行冰钓，那是水草的阴影，翘嘴红鲌爱吃的小鱼、小虾喜欢在那里越冬。

（4）钓饵：用小活鱼、小虾、蚱蜢、蚯蚓、青虫等，要求鲜活，不能用死的。

图 5.27　蒙古红鲌

（5）钓技：垂钓者可左右手同时各持一竿在两个冰眼进行浮钓。钩饵投入水中后，待其下沉至水体中下层，两手即交替上下提放钩饵，始终保持活动状态，提放的速度不宜过快，当上提时手感竿尖受力或下放时钓线突然松弛，都要立即提竿。

4. 垂钓蒙古红鲌（图 5.27）。

蒙古红鲌俗称红梢、红梢子、红尾巴，还有的地方称之为尖头红梢。广布于我国南北，多生长在未经过清底的养殖湖泊、半自然水域、自然水域，栖息于水体的中上层。此鱼野生，性凶猛，行动迅速，喜追食小鱼。一般重 500 ~ 750 克。

（1）钓时：蒙古红鲌的繁殖季节在长江一带为每年的 5 ~ 7 月，大批集中在 5 月至 6 月上旬。北方稍迟。在产卵期间，停止摄食或很少摄食。因此垂钓此鱼要避开该鱼的繁殖季节，蒙古红鲌的旺食和肥育多在夏、秋季，此时是垂钓蒙古红鲌的大好时间。

（2）钓点：在注水入口和溢流闸附近，往往是蒙古红鲌等鱼的群集之地。此外，涵洞、泵房附近、湖湾、村庄取用水等处，也是蒙古红鲌游弋的场所。若是城郊湖泊，生活污水的注入口、旅游景点、有设施的露天游泳场等均有此种鱼的踪迹。

（3）诱饵：一种配方是将新鲜花生米 100 克炒熟磨碎，晒干的新鲜蚕豆 300 克炒熟磨碎，与细米糠 100 克、面粉 50 克、白糖 25 克拌匀，塘水调和捏成团即可投放。另一种配方就是将麦麸加菜油炒熟，使用时加水调匀即可打窝。还有一种配方是以麦麸为主料，将其炒香、喷水调至能捏成团，然后再逐渐撒入豆腐粉，试调到糟食黏度的标准即可使用。

（4）钓饵：用小活鱼、小虾、蚱蜢、蚯蚓、青虫等活饵。

（5）钓技：垂钓时大多采用“包食法”，即用诱饵包裹钓饵。具体方法是先在钩上挂上面团或蚯蚓和虾，在外层再包捏麦麸的窝食，似板栗大小即可，当这样的包食抛至或伸向钓点水面时，外包的麦麸触水会立即随钩坠的下沉而散落，从水面到水底间形成“雾区”，小杂鱼云集，从而招致蒙古红鲌的追捕。当小杂鱼四处逃散蒙古红鲌追捕未果之时，正好发现可口的钓饵就在眼前，便毫不犹豫地吞食，极为干脆，浮漂反应明显，当鲌鱼咬住饵钩时，即会把竿梢拖着往下弓去，此时要故意低下竿梢，“送它一程”，让它进一步把饵钩吞进嘴里，这时拎钩提竿十拿九稳。

第九节　鲶鱼的垂钓

1. 手竿底钓鲶鱼（图 5.28）。

（1）钓具：可用长 5 ～ 6 米玻璃钢竿钓竿，钓线直径 0.35 ～ 0.4 毫米，若在江河中垂钓鲶鱼时钓线可稍粗，钓钩用中、大号，浮漂可用立式长浮漂，坠子稍重。

图 5.28　鲶鱼

（2）钓点：选择有水草且有缓流的地方最佳，这里的小鱼较多，鲶鱼常在这里捕食小鱼、小虾。另外在桥墩和深水区，这些地方也常有大鲶鱼出没，不可忽视。

（3）诱饵：取稻谷 2 千克，用中火炒至内焦外黑，磨成粉末，此时浓香四溢。另将 0.3 千克糯米煮成糯米稀饭，拌入稻谷粉中，使之成为稍硬的混合料。然后将此料捏成半球状坨，约 0.2 千克，置于通风阴凉处晾干。这种稻谷坨香气浓郁，入水难化，小鱼、小虾闻味前来，在附近徘徊，有极强的诱鱼能力，而且这种诱饵本身对鲶鱼也有很强的诱惑力。

（4）钓饵：一是用小鱼、小虾、蚯蚓、摇蚊幼虫等活饵。二是用配制的饵料，常用火腿肠钓饵，就是在垂钓的前一天，将 2 根火腿肠用刀切成长约 2 厘米、宽约 0.2 厘米、高约 0.2 厘米的长条数根，放入白酒中浸泡，酒内可放入少许红糖。第二天垂钓时，将火腿肠捞出，放在一空瓶内，用瓶盖盖紧（以防酒味散发），垂钓时取出装钩。用浸泡后的酒与麦麸、菜饼混合搅拌均匀后打窝。此时取出火腿肠装钩，投入钓窝内垂钓，效果很好。

（5）钓技：先将诱饵投于钓点处，再装钓饵于双钩上，钓饵宜大不宜小。因鲶鱼视力差，饵钩入水后应随时提动。鲶鱼贪食，口又大，见食物出现，便会猛扑上前将饵钩咬住，这时浮漂很快出现黑漂，可及时提竿。

2．墩钓鲶鱼。

墩钓法就是垂钓者沿岸边走边钓，它的优点是扩大了垂钓范围，往往钓获率较高，遇到大鲶鱼的机会也多。

（1）钓具：竿尖硬的手竿或两用竿，竿长 5 ~ 6 米，配长 3 ~ 4 米、直径 0.5 毫米的尼龙线，钓线上拴一只大号钩，不装坠子。

（2）钓点：一般选在有水草的浅水区。

（3）诱饵：取阿魏 15 克、大茴香 35 克、小茴香 5 克、桂皮 3 克、芝麻 50 克、大青蚯蚓（活的）100 克、米糠 600 克、麦麸 650 克、面粉 250 克。将各味中药研成细粉，芝麻炒熟磨碎，面粉、米糠、麦麸文火炒香摊凉，分别用塑料袋装好。垂钓时带到钓场，用垂钓水域的水将各种原料和在一起，把蚯蚓剁碎加入其中，即可搓团投放。此饵宜在清水塘中与荤饵配合使用，四季皆宜。

（4）钓饵：钓饵最好用活泥鳅，装钩时将钩从泥鳅的背部穿透表皮即可，也可用青蛙、小鱼、小虾。

（5）钓技：钩上挂大小合适的青蛙或小鱼作为饵，将饵钩抛出，随即抖动钓竿，使饵钩在水面不停地跳动，引鲶鱼上钩。钓者可凭鱼咬食发出的响声及手感得知鱼是否吞饵。当听到鱼咬食发出的声响后，同时感到有下拽动作时，应稍松一松线，待鱼将钩饵吞牢后再用力提竿。

3．夜钓鲶鱼。

（1）钓具：用 10 来根手指粗、1.5 米左右长的斑竹，每根竹竿系上 1 米多长的钓线，线端系上大歪钩，不用砣坠也不用浮漂。

（2）钓时：夜晚是鲶鱼觅食的时候，也是钓鲶鱼的好时间，尤其是天气晴朗的夜晚更适合。

（3）钓点：在有洞穴或水草的岸边，一般选在离岸 0.5 米的水域。

（4）诱饵：各类动物骨头，如牛骨、羊骨、猪骨、鸡骨、鸭骨等，它们均有很强的腥味，将其砸碎，或直接撒于钓点，或用纱布包裹甩向钓点，对诱集鲶鱼有良效。

（5）钓饵：宜选用鲶鱼喜吃的泥鳅、小蛙、小鱼、大蚯蚓等。

（6）钓技：装好鱼饵后，让饵和钩悬漂在水面上，这些钓饵一定要鲜活，并要注意装钩方法，才易于引鱼上钩。由于鲶鱼夜间多近岸边觅食，见到这样的美食，就会大口吞下。鲶鱼吞食很猛，一旦吞饵就会被钩牢。

第十节 胡子鲶的垂钓

1. “筏竿”夜钓胡子鲶（图5.29）。

图 5.29 胡子鲶

（1）钓具：“筏竿”的制作方法，一是选好材料。钓竿选用弹性、韧性较好的斑竹或水竹制作，竿长 1.5 米左右。渔线用尼龙丝线，直径 0.25 ~ 0.3 毫米，线长 1.2 米左右。鱼钩一只，选用日本产的海夕 6 ~ 8 号钩为宜。不用坠子、浮漂。关键的地方是，用一支直径 1.5 厘米的小竹制作卡子，截成 5 厘米长的一段，再在中间斜削两刀。另削一小竹签，宽 1.5 厘米、长约 30 厘米、厚约 0.4 厘米，一头削尖，以便插入岸边的泥土中，另一头削平。二是装好钓竿。把尼龙丝线一端缚在钓竿尖端，另一端穿过管卡子（卡子中间削平的一端压下），在渔线约 3/4 处拴紧卡子，使它不能上下移动，最后拴上鱼钩，“筏竿”便做好了。“筏竿”可做 10 ~ 20 副。

（2）钓时：天气晴朗的夜晚适合夜钓。

（3）钓点：一是选择在深水区的石缝、土洞旁，晚上，胡子鲶由浅水区洄游到深水区的石缝、土洞里栖息、觅食。二是在常年有流水的沟渠里，选择在流速较缓慢、流水道边有水草的地方，胡子鲶常喜欢在这里躲藏，伺机捕食过路的小鱼、小虾。

（4）诱饵：取青蚯蚓 50%、糠饼粉 35%、面粉 15%，先把素饵混合在一起，把活蚯蚓带到垂钓水边后剁碎，和素饵和在一起拌匀即可，捏团投放。

（5）钓饵：选择红色、体态肥胖的蚯蚓，宜用整条活蚯蚓。穿钩的方法是：鱼钩从蚯蚓中间穿进，使蚯蚓的头、尾在水体中蠕动，诱鱼上钩。

（6）钓技：傍晚时，将 10 ~ 20 副“筏竿”带到岸边，一副一副地把竹签平插在岸边水面上（与溪面平行），把钓竿脚（削尖的一端）插入离岸边约 70 厘米处，将鱼钩装上钓饵。然后左手将鱼竿压弯，右手拿住卡子，利用钓竿的弹性将卡子卡在竹签平头上，使鱼钩沉入水中约 30 厘米或沉入水底，这样就装好钩了。同时将诱饵放到石缝、土洞的旁边，嗅觉灵敏的胡子鲶闻到美食的味道，便会前来“进餐”，胡子鲶吃上钓饵后，将卡子带离竹签，钓竿失控，自动弹起，胡子鲶就被钩住了。“筏竿”夜钓胡子鲶，钓者不必守候，下好钩后各自回家睡觉。第二天清晨去收竿，若钓竿直了腰，便是胡子鲶上钩了。这种夜钓法，往往每晚能钓上数条胡子鲶。

2. 手竿钓胡子鲶。

（1）钓具：钓胡子鲶以手竿为主，用钓鲫鱼的手竿即可。但渔线、鱼钩比钓鲫鱼的稍粗、大一点，浮漂用七星浮漂、立漂均可。

（2）钓点：①根据不同时间选择不同的钓点，7 月，溪水上涨，胡子鲶有逆水而上的习性，此时宜钓溪流的上游。8 月，溪水下降，胡子鲶又结群返回下游深水处，此时宜钓溪流的下游。②选择新鲜水流入处，涨水时，新鲜水给胡子鲶带来充足的食物和氧气，胡子鲶喜欢游到流水的入口处觅食，这里就是好钓点。③选择溪、河汇合入口处，涨水时，胡子鲶喜欢逆水上游，选择在溪、河汇合入口处，水面窄、湾多、流速慢的地方，是钓胡子鲶最好的钓点。④选择浑水处，在溪流流水清澈时，应选择水色混浊的地方下钓。⑤选择堤坝下的洄水湾，在堤坝下游 20 米左右的洄水湾处，胡子鲶经常在这里埋伏捕食被流水冲得昏头昏脑顺水流下的小鱼、小虾，这里是钓胡子鲶最佳的钓点。

（3）诱饵：将水蚯蚓和污泥一起捞出，撒向钓点，因污泥中有很多饵食，气味也重，加上水蚯蚓的蠕动，对胡子鲶诱惑力很大。

（4）钓饵：用水蛭作为钓饵，效果很好，水蛭即蚂蟥，它属腔肠软体动物，质呈棘皮状，坚固而有韧性，在水中长时间不会死亡，一条蚂蟥可钓数条胡子鲶。穿钩的方法是：用夹子夹住蚂蟥的头部吸盘下端，穿进钩尖套紧。

（5）钓技：下竿后，要盯着浮漂的反应。胡子鲶摄食时，一般是先用嘴嚼，然后才吞咽入腹。当浮漂先跳动几下，然后微微横向移动，并开始下沉时，正是提竿的良机，一提竿便可得胡子鲶。

3．招引小鱼钓胡子鲶。

（1）钓具：使用长 6.3 米左右的手竿，采用长竿等线，线径 0.45 毫米，钓竿上不装坠子，浮漂以七星浮漂为宜。

（2）钓点：在春季宜选择向阳浅水的地方，这里水温回升快，水中虫类复苏早，胡子鲶便从深水区游至此处觅食。

在夏季宜选择洄水湾和桥墩下作为首选钓点。夏天胡子鲶喜欢在洄水湾处游动、觅食。另外桥墩下有洞，桥下的石头上附着有苔类，水下昆虫、虾也多，这些都是胡子鲶的美味佳肴。

在秋季宜选择深水区作为钓点，胡子鲶从浅水区游回深水区取暖，因而钓点应选择在深水区。另外胡子鲶还喜欢在陡峭的坝下栖息、觅食，故钓点应选择在陡坝的下边。

冬季胡子鲶绝大多数过着群居生活，栖息在桥墩下和溪潭的石缝、石洞、土洞处，这些都是钓点的首选位置。

（3）诱饵：甜酒药粉 30 克、曲酒 50 克、大米 500 克、米糠 150 克、蚕豆粉 100 克、味精 5 克、食用红曲粉少许。制作时先将大米煮成较硬的米饭，让其自然冷却至 30℃左右时加入甜酒粉、曲酒、米糠、味精和食用红曲粉拌匀，装入罐中，再撒上少量甜酒药粉封好，罐外用棉絮保温，使其在罐内发酵 5 ~ 10 天，待其发出浓浓的酒香味即可，使用时掺入蚕豆粉拌匀，搓团投放。

（4）钓饵：一是选择个体较大的蝇蛆。穿钩的方法是：手捏蛆尾，顺着蛆尾的一个孔慢慢将钩向蛆体卷曲的方向推进，从口穿出，露出一点钩尖才松手。这样，蛆的体液才不会溢出。一条蝇蛆可钓数条胡子鲶。二是选择蚯蚓，装钩方法可采用多条装钩法，就是用数条大蚯蚓并列装钩。

（5）钓技：先在钓点撒些诱饵，招引小鱼前来抢食。吃惯了小鱼的胡子鲶见聚集在一起的小鱼岂肯放过，便从石缝、土洞、水草中游出来追吃小鱼。此时，把钓钩轻轻地放到钓点，见浮漂徐徐下沉的一瞬间，及时提竿，胡子鲶便被钩住了。

第十一节　鳊鱼的垂钓

1．嫩玉米钓鳊鱼（图 5.30）。

（1）钓具：手竿长 5.4 米，线长 5 米左右，采用轻坠，调配好浮漂与坠子的重量，并调整好浮漂露出水面的高度。浮漂用七星漂，以露出 3 ~ 4 粒为宜。

图 5.30　鳊鱼

（2）钓点：在有活水进出的地方，活水带入大量饵料和溶氧，故鱼儿喜在进出水渠道旁活动、觅食，故此处鳊鱼的密度较大，宜作为钓点。另外在养鱼塘中，经常喂饵的地方也是好钓点。

（3）诱饵与钓饵：在采用这种方法垂钓时，饵料是采用诱钓合一的。玉米以刚掰的新鲜玉米为好，越新鲜越好。嫩玉米中又以鲜嫩带浆的最好。挂钩作饵的玉米，鲜嫩之外，最好还要剥皮，剥了皮的玉米粒嫩浆四溢，入水后味道诱力倍增。

（4）钓技：先用嫩玉米打窝，用嚼碎的嫩玉米或用温水浸泡的碎豆坯均可，“发窝儿”后诱得鳊鱼群集不去，频频咬钩，常常浮漂入水不等立起便被拉走，所以在诱集来的鱼群频频咬钩时，提竿、摘鱼、上饵、抛钩的动作一定要快，尽量争取时间。鳊鱼嘴小，钩不宜大。鳊鱼动作灵活、游速快，咬钩表现通常为极快地把漂拉走。

2．流青钓鳊鱼。这是南方水网地区垂钓鳊鱼的传统钓法。

（1）钓具：使用海竿，但不用漂、坠。

（2）钓时：“流青”钓鳊的时间为 3 ~ 10 月，旺季为清明前后鳊鱼产卵时期。

（3）钓点：钓场可选在江河鳊鱼产卵场的水草繁茂区，滩下的急流和缓流交界处和有水草的较隐蔽水域。

（4）诱饵：所谓“流青”，即人为地将草饵缚在钓钩上，垂钓者驾小船驶到江、河水流急的一段，一手划船，一手执海竿，将饵钩放入江、河，然后一提二放地操作海竿，使青色植物饵料顺水流下。鱼误以为是上游流下来的饵料，即会游来抢食。

（5）钓饵：钓饵可用轮叶黑藻。装饵方法是：选取嫩绿、完整且末端有分叉的轮叶黑藻，截取前端 15 厘米长，备若干条放入活水仓内备用。

（6）钓技：装饵时将钓钩钩在轮藻分叉的中间，钩线绕在轮叶片末端，用双套结套紧。这种装饵方法符合鳊鱼吃饵从前端咬的特点，钓钩藏于钓饵前端。垂钓时将饵钩甩到急流中，船在急、慢水之间跟着钓线顺流而下。鳊鱼吃饵动作轻微，竿子的反应并不很明显。垂钓者要反应灵敏，当感到似乎有鱼吞饵时，立即适当用力提竿。

3. 一线双钩钓鳊鱼。

（1）钓具：用手竿为 4.5 ~ 6 米长的玻璃纤维竿，配略长于竿的直径为 0.30 ~ 0.35 毫米的尼龙线。钩组由中型钩、小坠、立式浮漂组成。浮漂的浮力要大于坠子的沉力，使饵钩能悬浮于水中。在距底钩约 20 厘米处，再拴一只钩子，要直接缚在尼龙主线上，不要用引线，这样灵敏度较高，专钓鳊鱼。底钩宜采用朝天钩，铅坠可用保险丝代替，直抵钩处，且越轻越好。海竿可采用 3 米以上的玻璃纤维竿，配旋压式绕线轮，钓线直径 0.30 ~ 0.35 毫米，储线量 100 米，钓钩用炸弹钩或挂串钩均可。

（2）钓点：钓点以距岸边 10 米左右为宜，要求这里的水草丛生，形成一片茂密的水草区，饵料丰富，氧气充足，鱼群聚集，水草边缘或草空儿，是上好钓点。

（3）诱饵：将嫩玉米粒磨浆后煮成粥，然后加入一半左右的麦麸和少量鱼粉，揉成团即可。另一种配方是玉米面 4 份、麦麸（炒香）2 份、米糠 2 份，加少量曲酒和水拌匀，对诱鳊鱼效果显著。

（4）钓饵：一线双钩可采用一荤一素的办法。通常底钩上挂以蒸熟的玉米面饼加炒过的豆饼粉和少量曲酒揉成的香面食作为钓饵，便于钓大鱼，上钩挂红蚯蚓，钓鳊鱼脱钩率极低。

（5）钓技：把钓饵抛在窝子里，也可用海竿打窝子，即将酒糟多掺些玉米面捏成核桃大的面团装在炸弹钩上，抛到 30 米左右的钓点，第一次打窝子先抛十几钩食，待钩饵沉到底，稍用力将竿轻抖，诱饵便落在窝子里。海竿的反应灵敏度差，所以竿尖一定要软，竿尖稍一点头就应迅速提竿（图 5.31）。用手竿钓鳊鱼，它在咬钩时，只要稍稍送浮或拖浮，便可及时提竿。

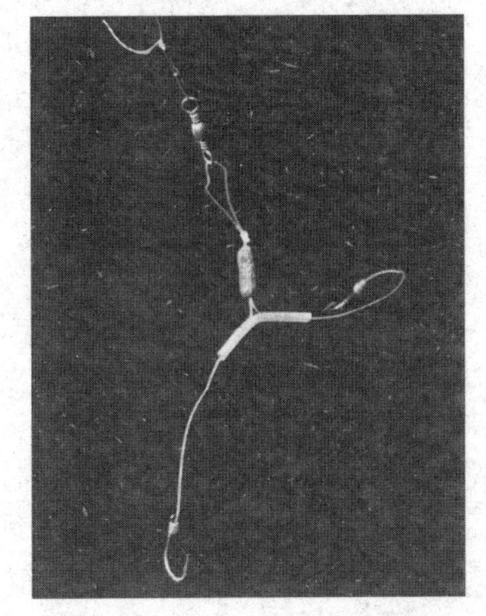

图 5.31　一线双钩钓鳊鱼

第十二节　团头鲂的垂钓

1．手竿钓团头鲂（图 5.32）。

图 5.32　团头鲂

（1）钓具：手竿长 6.3 米，钓线用直径 0.35 毫米的透明胶丝。用小型钩钓鲂鱼，规格为铁锚 816 ~ 817 号或 516 ~ 517 号等。垂钓鲂鱼经常采用的拴钩方法是串钩和组钩，以组钩垂钓效果为好。

（2）钓时：团头鲂为中下层鱼类，但在雨后，常常在水面活动。5 ~ 6 月为产卵期，产后食量大增，是垂钓好季节。尤其是夏季阵雨前在河流中下游觅食，雨季则在中上游找食，其吃食较猛，成群聚集时，往往钓饵未到位就被咬钩。

（3）钓点：在水草丛生处，各种浮游生物较多，这些浮游生物是鲂鱼的美味，因此，在水草丛生处是好钓点。

（4）诱饵：诱饵可主选糟食，可用略微发酵的酒糟、啤酒糟、豆腐渣和芝麻酱渣等作为诱饵，单独使用或调配使用均可，使用时加适量的生面粉作为黏合剂，这种诱饵略带酸味和酒香味。在炎热的夏季要在阴凉处撒窝，早晚可在浅水处诱鱼，秋后宜在向阳深水区或水草间打窝。

（5）钓饵：可用红蚯蚓、桑葚、小虾，以及浸泡麦粒、大麦芽、青豆瓣等。

（6）钓技：钓鲂鱼的饵团要小，要与它的嘴相适应，使用组钩时，每个钩上各挂一个饵团，入水后目标明显，容易被鲂鱼发现。组钩另一个好处是脑线短，容易甩远、甩准。鲂鱼的吞钩、捧钩速度较鲫鱼快，给人的感觉像闹小鱼。在第二个浮子（卧漂）捧上水面时，可立即举竿拎钩。

2．撒大窝钓鲂鱼。

（1）钓具：手竿、海竿都可以。线、漂、坠、钩宜用细小的，与钓鲫鱼相同。因为鲂鱼吞钩的动静比鲫鱼还小，小钩、细线、小漂、小坠反应灵敏。

（2）诱饵：撒窝子的酒糟以曲酒的酒糟最佳。配方可用曲酒酒糟 2 份、麦麸 1

份、窝头1份，三者均匀掺和，到了钓点后把酒糟揉黏、捏成馒头般大的团，一次手抛三四团，把诱饵递进窝子里。

（3）钓饵：钓饵可用半糟食，即80%的玉米面、20%的麦麸，玉米面蒸成窝头状，掰揉碎，麦麸炒香掺入，揉成很黏的面食，用时加入少量的曲酒，其他面食也可用，但都要加些酒，这样效果较好。

（4）钓技：撒大窝钓鲂鱼的钓技可分为手竿钓和海竿钓两种，打大窝子定点钓是两者共同的关键技巧，但它们在其他的具体技巧上又略有一定的区别。

手竿钓技：钓竿宜用长竿短线定点钓。钓点宜选择1.5 ~ 2米深，水底有石块或沙泥的水域。到钓点后，取一粒绿豆大的糟食穿在钩尖即成，钩饵都必须准确地抛到窝子里，然后观察漂相。鲂鱼大送漂的情况很少，一般为黑漂，小送漂即可提竿。鲂鱼多数情况下都是成群活动，所以提竿要快，中鱼后立即提离水底向左、右侧领出窝子再拉到岸边，以免把窝子里的鱼惊走。

海竿钓技：海竿钓鲂鱼，用炸弹钩、葡萄钩都可以，但必须把钩饵准确地抛在窝子里。钓点以距岸10米左右为宜，过远窝食抛不到，效果就很差。也可用海竿打窝子的办法，即将酒糟多掺些玉米面捏成核桃大的面团装在炸弹钩上，抛到30米左右处的钓点，第一次打窝子先抛十几个饵团作诱饵，钩饵沉到底，稍用力将竿梢一抖，诱饵便在窝子里。以后每次抛竿都准确地落到钓点，如此反复钓便形成了大片的窝子。由于海竿的反应灵敏度比手竿看漂差得多，所以竿尖一定要软，钓线也要细，眼要盯紧竿尖的动静，竿尖稍一点头就应迅速提竿，用竿尖夹小铃作信号，效果较差，多数情况是等铃拉响鱼已经吐钩，钓不上鱼了。因此，最好是眼盯着抛竿竿梢，这样可不失时机地扬竿，减少跑鱼，提高中钩率。

第十三节 甲鱼的垂钓

1. 插竿钓甲鱼（图5.33）。

（1）钓具：用一根长1米左右的细竹竿，一端削成楔形，便于插入泥土中。钓线用多股尼龙线，长3米左右。钓钩用约3厘米长的小号缝衣针一枚，将针鼻一

图 5.33　甲鱼

端在砂轮上磨尖，磨后的针长约 2.5 厘米，再用多股尼龙线在缝衣针中部绑紧。在离针 0.3 米左右的地方拴一粒坠子。

（2）钓点：在水域四周仔细观察，如果发现泥土上有甲鱼爬行的痕迹，就可以作为钓点。

（3）钓饵：它不需要诱饵，直接用钓饵就可以了。钓饵最好用狗肝或猪肝，将肝切成宽 1 厘米、长 5 厘米左右的条状。钩针直插肝条里面，不可外露。

（4）钓技：甲鱼吞吃时，会连针一起吃下去。当甲鱼吞吃钓饵后，针自然就会横过来，卡住甲鱼的喉咙。钓线的另一端拴在竹竿顶端，插入岸上泥土中。每次可放插竿 20 副左右。

2. 摇竿插钓甲鱼。

（1）钓具：插钓是一种简单、成本低、行之有效的钓甲鱼法。将长度为 50 ~ 65 厘米的竹竿或柳条修光，削尖粗端，使之易于插入泥沙中固定。在细端拴上渔铃，借以报警。主线用直径 0.35 ~ 4 毫米、长 1.5 ~ 2 米的尼龙线。一端与钩连接，一端拴在摇竿的渔铃前方 5 厘米处。每根钓线上拴几枚钩，钓钩可用普通钩，也可用直钩（针钩），上面装上钓饵，线端装上一个中等铅坠。

（2）钓时：这种钓法，多适于夜钓，也可在黄昏后或阴雨天施钓，白天要找有树荫遮盖的水域。

（3）钓点：要把钓点选在有甲鱼出没的岸边。

（4）诱饵：可将猪、羊、牛、鸡、鸭的骨头砸成块，或将禽、畜内脏等下脚料剁碎，不论生熟均可，或将河蚌、螺、蚬去壳剥出的肉切碎，这些都是钓甲鱼较好的诱饵材料。

（5）钓饵：用猪肝效果最好，因为它的腥味最浓，可将猪肝切成长 5 ~ 8 厘米、宽 1.5 厘米的条状。

（6）钓技：将钩或针状直钩装饵后，与主线连接，就可投入水中，插入摇竿。这种摇竿可同时制十几根或更多，在钓位沿岸插上一排，竿距 1 米左右，头天傍晚下钩，次日凌晨收线取钩。

3. 放钩钓甲鱼。

（1）钓具：用一根较粗的渔线作为主线，间隔连接十来根多股尼龙线作为支线，支线比主线细。在每根支线的另一端拴上一只角形歪嘴鱼钩。

（2）钓点：要把钓点选在有甲鱼出没的岸边。

（3）诱饵：可将猪、羊、牛、鸡、鸭的骨头砸成块，或将禽、畜内脏等下脚料剁碎做成诱饵。

（4）钓饵：钩上挂钓饵，所用的钓饵有狗肝、猪肝或鱼丁。

（5）钓技：将肝或鱼丁切成小拇指大小的块，呈方形，穿在鱼钩上，不露出钩尖。要插两根竹竿，长 2 米左右。竹竿插在河床上。主线的两端拴紧在两根竿的中上部。钓钩在水下 1.3 米左右为宜。每次可放数副钓具。每隔 3 小时左右即可检查一次，一旦发现竹竿晃动就可以取鱼。

4. 排钩夜钓甲鱼。

（1）钓具：排钩钓具的制作方法是用一根直径 0.5 ~ 0.55 毫米、长 60 ~ 100 米的尼龙线作为主线，一块楠竹块，楠竹块的一侧钻一个小孔。主线的一端拴一把烂锁，投入水中后使主线不移位；另一端穿过楠竹块一侧的小孔后打结拴牢。主线上每隔 2 米左右处拴上一只连接环，作连接支线用。用 10 ~ 15 根直径 0.25 ~ 0.3 毫米、长 0.5 ~ 1 米的尼龙线作为支线。每根支线的一端拴上一只 6 ~ 7 号短把鱼钩；另一端拴上一只连接环，扣上主线的连接环。再用一块 1 ~ 1.5 米长、两端削成"凹"字形的楠竹块，用于缠主线，收、放主线用。这样，一副夜钓甲鱼的特制钓具便做成了。

（2）钓点：选在有甲鱼经常出没的地方。

（3）诱饵：可将猪、羊、牛、鸡、鸭的骨头砸成块，或将禽、畜内脏等下脚料剁碎做成诱饵。

（4）钓饵：以猪肝为佳，没有猪肝，鱼丁、螺蛳肉也行。将猪肝用小刀切成中指大小的一坨，出钓前一一穿在鱼钩上，以不露出钩尖为宜。

（5）钓技：前一天傍晚放排钩，次日凌晨收线取鱼。傍晚时，到达钓点后，把缠在楠竹块上的主线拉伸放定于岸边。再把每根支线一一扣在主线的连接环内。先将主线拴烂锁的一端甩入离岸 3 米左右的水中，然后依次将每根支线放入离岸 1

米左右的水里。放完线后，手拿楠竹块将主线拉直，然后把楠竹块放在岸上，用一块大石头压住，排钩便完成了。夜间，当甲鱼将钓饵吃进喉咙，被钩尖刺痛喉咙时，鱼头一缩，鱼钩便把甲鱼钩住了，很不容易脱钩。收线时，若钓上了甲鱼，便轻轻将它拉到岸边，用抄网捞取。切忌用手提线捉甲鱼，因支线拴鱼钩处经过甲鱼一夜的磨损，拉力减弱，提线捉鱼则易线断、鱼逃。

第十四节　乌鳢的垂钓

1. 墩钓乌鳢（图 5.34）。

钓取乌鳢最常用的方法是“墩”钓。“墩”钓是在乌鳢产子的前后进行垂钓，分为钓“青窝”、钓“黄窝”、追子钓几种。

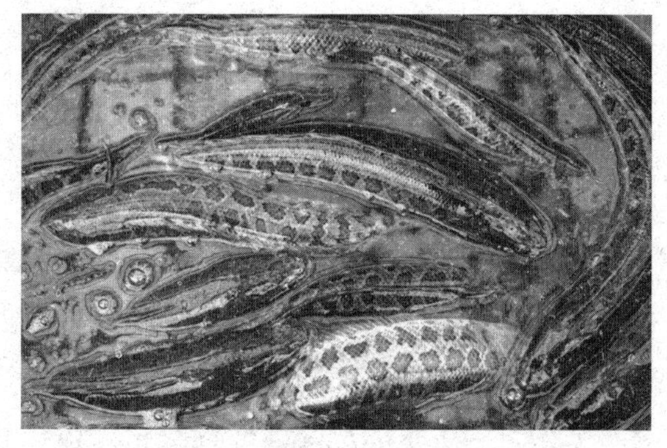
图 5.34　乌鳢

钓具：钓竿用 5 米左右长的独竹竿或多节超硬钓竿，钓线用一条 1.5 米长的较粗的多股尼龙软线或丝线，鱼钩宜用有倒刺的长把大钩，既不用铅砣也不用浮漂。

（1）钓“青窝”。

1）钓时：每年的四五月是乌鳢交配后、产子前的垂钓时机。

2）钓点：它们会成双成对游到水草茂密的水域或蒲苇丛的边缘浅水区开始做窝建巢，准备产房。因此这里就是好钓点。

3）饵料：钓“青窝”不用诱饵，只用钓饵，钓饵用青蛙最好，也可用泥鳅、小鱼等。

4）寻找“青窝”：在乌鳢筑巢过程中，它们将选中的窝点内的杂草全部用嘴咬干净，形成脸盆甚至洗衣盆大小的一片亮水。亮水上面漂浮着许多被咬碎的青草屑，这就是乌鳢的产房和进行孵化的窝巢——“青窝”。

5）钓技：垂钓者在坑塘、河道只要见到“青窝”，即可进行“墩”钓。用蛙钩在窝的四周“啪嗒啪嗒”砸一阵，乌鳢从水中蹿上来一口将青蛙吞入口中。乌鳢吞钩的一刹那不仅不应抬竿，而且还要压竿送线，等它吃牢，或见水中有气泡冒出，才迅猛抬竿。

（2）钓“黄窝”。

1）钓时：是在5月以后，也就是鱼卵正在孵化发育但鱼苗尚未孵出的时候。

2）钓点：水草茂密的水域或蒲苇丛的边缘浅水区，是好钓点。

3）饵料：钓“黄窝”也不用诱饵，只用钓饵，钓饵以青蛙最好，也可用泥鳅、小鱼等。

4）寻找“黄窝”：雌鱼产卵过后，鱼卵在窝中呈黄米粒的圆球状，远远看去黄黄的一团，所以称“黄窝”。

5）钓技：乌鳢的护卵和护幼行为非常明显，这时雌雄鱼形影不离护卫鱼卵，绝不允许任何来犯者惊扰鱼卵的孵化。垂钓者如能发现“黄窝”，把拴上青蛙的钩重重地砸向黄窝，这时乌鳢亲鱼就会迅速上前来驱逐侵犯者，并上前撕咬、吞食，这样就能较有把握地将乌鳢钓上来，一般上钩就是两条，总是先雄鱼后雌鱼。

（3）追子钓。俗称钓“黑儿”。

1）钓时：6月左右，当鱼卵孵化成小蝌蚪般的幼鱼后，它们常常跟随父母到处游动。这时候正是追子墩钓的大好时机。

2）钓点：同样水草茂密的水域或蒲苇丛的边缘浅水区，是好钓点。

3）饵料：追子钓也不用诱饵，只用钓饵，钓饵用青蛙最好，也可用泥鳅、小鱼等。

4）寻找幼鱼：在水草边缘或边缘有亮水的地方，一旦看到一群黑压压的一层像蝌蚪般的小鱼，这就是乌鳢幼鱼。

5）钓技：由于大乌鳢像潜水艇一样潜藏在幼鱼下方，时刻不离左右。因此，垂钓者只要看到游动的幼鱼群，应即时将饵钩向幼鱼群砸去。“墩”不了几下，大乌鳢护子心切，就会突然蹿出水面吞钩。追子钓在用竿和用线上，都应稍长一些为好，这是为了钓着鱼后便于遛鱼。

2．对口钓乌鳢。

（1）钓具：硬直长竿、长粗线，大钩，用普通的鱼钩，也可用大针或铁钉自制。

（2）钓时：每年3月底至5月初，是运用对口钓法钓乌鳢的好季节。这期间为乌鳢产卵前的育肥期，乌鳢需要大量营养而四处觅食。特别在晴天的中午，可隐约见到乌鳢在水草中休息，南方称此种情况为“养清”。

（3）钓点：在水草丛生的河渠浅滩，以及芦苇、菖蒲、蒿草繁茂的水域，常可见到它的踪影。这些地方就是好钓点。

（4）饵料：对口钓也不用诱饵，只用钓饵，钓饵用青蛙最好，也可用泥鳅、小鱼、大虾等。

（5）钓技：发现乌鳢后，装上大虾或小青蛙为饵，慢而轻地将钓饵放入乌鳢前方0.3米左右的水草间，上下轻轻提动几下。由于下钩时对着乌鳢口，易被鱼发现，凶猛贪嘴的乌鳢定会前来抢食吞钩，命中率极高。

第十五节　鳡鱼的垂钓

1. 海竿钓鳡鱼（图5.35）。

（1）钓具：海竿要竿大尖粗，最好是实心玻璃钢竿，竿的长短一般是岸钓竿要长一些，达3米以上，舟钓竿可短一些，2.5米左右即可。要配用大绕线轮，线槽储线量要能装直径0.6毫米的钓线150米以上。最好是鼓形轮，它拉力大、装线多，但它不能远投，只能用于舟钓，如在有流水的地方垂钓，可以随流水放线。舟钓、岸钓，都要加一个大浮漂，使串钩靠近水面。

图5.35　鳡鱼

钓线应采用直径0.6 ~ 0.8毫米的高强锦纶线，线的拉力应不低于16 ~ 20千克。另用一根比主线粗1 ~ 2号的线，如直径0.8 ~ 1毫米的锦纶单股线拴钩。鱼钩可采用6厘米长的长柄钢钩，每隔10厘米拴一枚钩，共拴10枚鱼钩，在线的末端结一死线圈，既可视需要另接坠子，也可以接一个大锚钩。这条拴钩的线，全长1.2米，最上面接一个特大号转环，与主线连接。

（2）钓点：大鳡鱼在水中游行时，经常贴近水面，背鳍能将水面划出箭头形的水纹。还有一个更明显的特征是大鳡鱼游过来时，别的鱼会四散惊逃，有的甚至会蹿出水面。如果在某个水域有以上迹象，就可判断这里有大鳡鱼，这样的水域就是好钓点。

（3）钓饵：采用诱钓合一，钓饵用 15 ~ 20 厘米长的活大白鲦鱼。

（4）钓技：在串钩最上面的 3 个钩上挂鱼，下面的钩空着。上面的钩挂上小鱼，引诱大鳡鱼来咬，当它咬住上面的钩后，下面 1 米多长的钩靠近咬钩鱼的身体，经几个来回，下面的空钩有的就会钩在鱼体上，甚至几枚鱼钩挂住它，再凶猛的大鳡鱼也是摆脱不掉的。

2．活鱼诱钓鳡鱼。

（1）钓具：海竿、手竿均可，用海竿垂钓时，要求用大的绕线轮，能储线 100 米左右，线要粗，钩用串钩。用手竿垂钓时，可用 7.2 米长的硬调竿，用直径 0.45 毫米的钓线，钩也用串钩。

（2）钓点：无水草的亮水区。

（3）钓饵：钓鳡鱼不用打塘子和诱饵，采用诱钓合一的方式，因为鳡鱼喜爱追捕白鲦鱼，当一群白鲦鱼在水面上突然受到惊吓并四处逃散，原地留下大鱼转身摆尾的水花漩涡时，这就是鳡鱼在追食，因此常用白鲦鱼作为钓饵。

（4）钓技：垂钓安饵时，为了保证活的白鲦鱼能在水面自由游泳，用 3 只钓钩分别钩在 3 条鱼嘴后下方的软组织上，钩尖和倒刺均要刺出它另一边的鳃外，这样，鱼就不致很快死亡还能带着钩子在水面游泳，白鲦鱼饵安好后，用钓竿将鱼放到水边，放松渔线，让鱼互相拉扯着慢慢游向水体中部。这时停止放线，将钓竿前倾，并仔细观察白鲦鱼饵活动情况。渔线也要适当收拢。三条白鲦鱼由于互相拉扯，因此在水面上目标较大。当鳡鱼游经这里发现白鲦鱼饵时，它们就会像饿狼般地吞食。当刚发现浮子没了时，要稳住钓竿，待它把鱼线继续拽跑 5 ~ 10 米以后，再收线提竿。

3．拟饵甩钓鳡鱼。

（1）钓具：海竿一副，绕线轮能储线 100 米左右，线要粗。

（2）钓点：要选在鳡鱼常出没的水域。

（3）钓饵：用拟饵甩钓鳡鱼时，不用诱饵，钓饵用拟饵即可。

（4）钓技：垂钓者将拟饵钩远投于垂钓水域，待拟饵钩下沉至鳡鱼活动的泳层时，即提竿同时摇轮收线，使拟饵钩在该泳层犹如活鱼游动，诱使鳜鱼上钩，同时还应根据水情的不同，在拟饵钩投出后，掌握好摇轮收线的时间和速度。这是使拟饵钩在收线过程中始终沿鳜鱼活动的泳层游动的关键。钓点水较浅，拟饵钩落水后即可开始摇轮收线；钓点水深，拟饵钩落水后要稍停一下再开始收线。水不流动，收线速度要快些；水流动，收线速度要慢些。此外，这种钓法不宜固定在一处投甩饵钩，要不时地沿岸边变换钓位、钓点，反复将拟饵钩投出、收回，直至遇到鳜鱼捕食。鳜鱼咬钩时，垂钓者会突然感到钓竿被猛力牵动，竿体前部下弯，这时要奋力将竿挺起，借助竿的弹力，顺势放线、收线遛鱼。

第十六节　白鲦的垂钓

（1）钓具：白鲦（图 5.36）喜欢在近岸浅水区活动觅食，且自身重量轻，应使用短、轻、软调竿，一般用 3.6 米以下长的手竿。竿短操作方便，鱼咬钩时通过渔线传到竿上的颤动感强烈，并且起竿快，可提高上鱼的速度。由于白鲦的重量大约 10 克，所以钓线越细越好，线可采用齐竿长。钓钩使用伊豆 1 号钩，因为有倒刺，挂蚯蚓不易滑脱。用 1 ~ 4 只钩组成串钩，利于提高上鱼率。用铅皮做坠，其重量以抛钩时能拉直钓线略微重一点即可。采用底坠，串钩依次排列固定在坠的上方，这样的组合手感最好。

图 5.36　白鲦

（2）钓点：水库的入水口处、网箱附近、水边餐馆的下水口及近岸 1 ~ 3 米处的浅水区等食料丰富的地方都是好钓点。

（3）钓层：白鲦吃钩快而狠，常呈追抢状，经常处在水的上层；又常随天气、温度、时间的不同而处在水的不同层面。

（4）诱饵：一是用芝麻微炒后压碎同麦麸混合，加入少量蜂蜜充分揉匀，不加水，装食品袋密封待用。二是用糠坨诱饵，糠坨被南方钓友称为诱饵之王，其主要用料是稻谷。糠坨的制作方法也不复杂，首先是将稻谷放在铁锅里旺火猛炒到焦黄，散发出诱人的清香，然后将炒焦的稻谷磨成粉末，接着是将稻谷捣捶。在捣捶之前，要在稻谷粉中拌上糯米（江米）稀粥。在捣到一定程度以后，就要转入做坯成型阶段。每个坨重 150 ~ 200 克，坯子捏成倒圆锥形，捏成后的坨坯可固定在底座上，在通风处晾干。使用时先将坨坯泡一下，然后送入钓点，一个钓点可同时放 2 ~ 3 个糠坨。糠坨十分结实，在水中会不断散发出独特的香味。白鲦鱼会逐渐聚集在它周围。

（5）钓饵：钓白鲦的钓饵范围比较广泛，既可用荤饵，也可用素饵，还可用假饵。

荤饵使用红蚯蚓的效果更好些。选用红色细蚯蚓，自头部刺入推到钩柄，自倒刺内侧掐断，让钩尖、倒刺外露。取鱼时，一手抓鱼，另一手握住钩柄，向上直提，目的是有效地保护蚯蚓，尽可能减少挂蚯蚓的次数，提高钓鱼效率。

素饵的配方可用蚕豆，蚕豆以白色为佳，它的生豆气味浓。制粉时先将蚕豆去皮，然后用小钢磨磨两三遍后过细箩，装瓶盖严备用。到达钓场，选好钓位后，将少许蚕豆粉倒入瓶盖或塑料袋内，用手指蘸钓场水滴于粉中调和即成。如加几滴芝麻油或椰蓉香精效果更好。

素饵的另一种配方也常用，去渣猪油 1 份、豆面 1 份、细玉米面 2 份、面粉 7 份、蜂蜜少许。将猪油入锅烧至微热后，放入豆面、玉米面、面粉，文火炒，勤翻动，炒至面有香味、稍黄时，停火继续翻动，待锅温降低时出锅。凉后将炒面装瓶或塑料袋密封放入冰箱冷藏室备用。垂钓时，取炒面适量，加入蜂蜜少许，用钓场水和饵，反复揉搓即可。

假饵的制作方法是用很细的红色丝线绕钩，自倒刺内侧至钩柄绕密拉紧，留少许线头在外。在外的线头在水中似蚯蚓蠕动，有诱鱼效果。假饵钩与装蚯蚓的钩交错固定在主线上。

（6）钓技：选择天气晴朗无风出钓，早晨和傍晚白鲦浮在水面寻食，是垂钓的大好时间。到了钓点，先将诱饵撒在水面上，然后采用无漂游钓的方法。操作方法是：一手持竿，或左或右拉着钓饵在水中慢慢游动，或深或浅，使钩饵上下翻滚，目的是找鱼、诱鱼。起竿的时机，只要手上有颤动感，立即起竿，一般都有鱼。但起竿时用力不可过大，以鱼能顺利到达摘鱼处为宜。

第十七节　黄颡鱼的垂钓

1. 钓黄颡鱼（图 5.37）的技巧。

图 5.37　黄颡鱼

（1）钓具：手竿一根，6.3 米长为宜，线直径 0.35 毫米，钩用单钩或双钩均可，更适合用卧钩钓，就是钓线直接结扎在钩尾上，在离钩子 6 ~ 9 厘米处装一铅坠。

（2）钓时：春末至秋季是钓黄颡鱼的时间，而以夏季垂钓最为适时。此鱼喜夜间摄食，故钓这种鱼以晚上进行效果更好。

（3）诱饵：将大米或碎米装进瓶内，倒进白酒，使酒刚没过米，密封严实，浸泡 2 ~ 3 天后取出，垂钓时用小瓶取一些酒米带上，每窝撒上二三十粒就可以了。

（4）钓饵：可选用皮厚体壮的紫色蚯蚓或红蚯蚓，如果有条件，用孑孓拌糠粉制成的钓饵或摇蚊幼虫包食饵（图 5.38）则更为理想。若用双钩钓，可用一个钩装荤饵，一个钩装素饵，任其选择。若在夜间垂钓，且在水温适宜、鱼的食欲旺盛时期，常常可用一线一次钓得双鱼。

图 5.38　摇蚊幼虫包食饵钓黄颡鱼

素饵的配方是将糠饼粉炒至半熟，加约 1/3 米饭和少量炒黄豆粉，再加少量曲酒和水调匀捏成团待用。

（5）钓技：黄颡鱼由于鱼体较小，若在没有什么水草和障碍物的水体中垂钓，可以使用双钩，这样可以增加鱼的上钩率。但在水草和障碍物较多的水域只能用单钩钓。当钓竿将钩和线甩向前方入水后，由于铅坠比饵钩的重量稍大些，能下沉，饵钩下沉的速度很慢，徐徐漂荡着下沉，很容易被觅食的鱼发现，因而钓获率较高。在黄颡鱼咬钩时，它的动作幅度较小，在浮漂上的反应，常表现为捧一下再小捧一下的一紧一松的动作，或缓缓地斜向入水。虽然此鱼游动不快，咬钩时也是不急不慢的，但它对于食物是不会轻易放弃的，垂钓者大可不必性急，应该耐着性子等待浮漂显示出更大的反应。黄颡鱼咬钩后就不会再吐出，可以等到它将饵钩完全吞进后再起钩也不迟。

2．手竿钓黄颡鱼。

（1）钓具：6.3 米长的硬调手竿，用上下双钩，因其嘴大、贪食，钓钩可用中号钩。

（2）诱饵：将菜籽饼粉、玉米粉各一半一同炒熟后再加入米酒、黄豆粉少量，芝麻粉微量共同和匀，再用玉米粉和面粉共同煮成的稀糊和成有适当黏度的饵料。

（3）钓饵：双钩垂钓，一枚钩装小虾，一枚钩装蚯蚓，也可用其他钓饵。

（4）钓技：黄颡鱼吃食较猛，摄食时，浮漂的反应是上下抖动几下，随即沉没，有时是边抖动，边横向移位，这时即可提竿得鱼。在流动水域用手竿钓时，可不用浮漂，钓钩用串钩，坠子应稍重，钓线绷紧，凭手感得知鱼咬钩。

3．海竿钓黄颡鱼。

（1）钓具：一般用短海竿即可，钓线直径 0.3 ~ 0.35 毫米，绕线轮储线可达 100 多米，钓钩用中型串钩，3 ~ 6 枚均可。串钓脑线长为 5 ~ 8 厘米，钩距应大于上下两钩的脑线长度，以避免脑线相缠。在串钩的下端拴一坠子，使饵钩定位。

（2）诱饵：玉米粉 40%、鱼粉 10%、虾粉 10%、炒熟的麦麸粉 40%、糖精少许、曲酒 100 毫升，加水调拌均匀，用适量面粉作为黏合剂，调至黏度适宜。

（3）钓饵：以蚯蚓、螺蛳肉、蚌肉和小虾为佳，也可用其他的钓饵，装饵时要稍露钩尖。

（4）钓技：对于江河、水库中较宽阔的水域，可采用海竿钓，钓饵以采用不同的饵料为好，可使其择饵而食。在串钩投入水域后，绷紧钓线，挂上小铃，就可静等鱼儿光顾了。当听到铃响，即可提竿。

第十八节　鳜鱼的垂钓

1. 小花篮钓鳜鱼（图 5.39）。

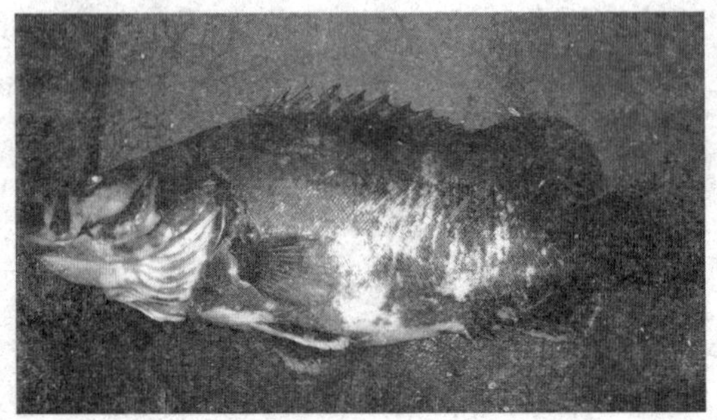
图 5.39　鳜鱼

（1）钓具：这是利用鳜鱼有钻洞习性而设计的。花篮是一种腰鼓形的竹编篮子。两头的幔口内陷，有向内的倒须，鳜鱼能钻进去，却无法出来。一般篮长 60 ~ 70 厘米，直径 40 厘米，两头细一些为 30 厘米。在花篮中间系一根 1~1.5 米长的绳，上面拴上浮子。

（2）诱饵：诱饵主要是用来诱钓小鱼、小虾的，从而达到引诱鳜鱼的目的。诱饵可用米糠、麦麸、碎草末和钓域岸边的泥土，滴入几滴香精，掺和拌匀，加入适量水使其能攥成团。如攥不成团，可加入适量面粉或黏土，成团即可。

（3）钓饵：钓饵用小鱼、小虾、小蛙等，需用活的。

（4）钓技：使用时，在花篮内和两个入口处系上活鱼、活虾、活蛙，隔 5 ~ 10 米在岸边或由船上放下去一个花篮。由于浮子漂在水面，所以目标明显，傍晚下篮，次日清晨收篮，十分方便可靠。

2. 定点水体浮钓鳜鱼。

（1）钓具：这种钓法用手竿、投竿或拉砣均可。

（2）诱饵：将玉米粉（约 2/3 量）、麦麸粉（约 1/3 量）混合在一起，置小火中炒香，拌和装袋。用时再加些酒，并加面粉作为黏合剂，揉成团，垂钓时捏取一小块作为诱饵。

（3）钓饵：用小活鱼最适合，通常用麦穗鱼、鳑鲏等。

（4）钓技：钓钩连接在坠子上方，以小活鱼为饵，将饵钩投甩于选定的钓点，等鱼上钩。在静水水域垂钓，最好装浮漂。因为浮漂不仅是传递鱼咬钩信息的工具，更重要的是它能使小活鱼垂直悬离水底，小活鱼可以自由地围绕钓线活动，起到良好的诱鱼作用。选用的浮漂，浮力应大于小活鱼挣扎时的拖拽力。浮漂的上下跳动，还可显示饵鱼活着或者未被水中杂物挂住等信息。鳜鱼口裂大，咬饵凶狠，咬饵后，浮漂会立即沉没，并且缓慢游动。所以若钓点附近没有很多障碍物，可稍等片刻，当看到松弛的钓线被慢慢拉动时，即可提竿。若钓点附近障碍物多，浮漂沉没后应立即提竿。用拉砣垂钓时，浮漂沉没后，应先快速向回倒几把线将鱼钩住，然后慢慢将鱼提拉至岸边捞起。

在流动水域垂钓，一般不装浮漂。饵钩投出后，需将钓线绷紧。若钓点水浅，用手竿、投竿垂钓时，投出饵钩后，应适当增大架竿的角度或加大钓钩与坠子之间的距离。用拉砣垂钓，将饵钩投出后，应用较长的树枝或自制的长竹叉将钓线架高，或选在陡峭的岸边投甩，使绷紧的钓线与水平面的角度越大越好，以免小活鱼贴底而不活动。鳜鱼咬钩的信息通过竿尖或竹叉反映。当竿尖或竹叉缓慢下弯时，即可提竿或快速回收拉砣。

3. 戏钓鳜鱼。戏钓法有两种。第一种是在清水水域戏钓，第二种是在看不见水底的水域戏钓。

（1）清水水域戏钓：

1）钓具：以轻巧手竿为钓具。

2）钓点：在岸边可隐约见底的清澈水域，选择水底有较大的石块，石块之间有较宽的石缝或石洞及有树根等障碍物的地方为钓点。

3）钓饵：以小活泥鳅为饵。

4）钓技：垂钓时，首先根据钓点水的深度，确定所需钓线的长度。一般说，钓线应比水深长一倍，如水深 1 米，则钓线长 2 米。钓线长度确定后，要使饵钩准确地到达钓点，需将饵钩投在钓点前方 1 米处或更远些的水面，饵钩落水后，泥鳅必然向水底暗处下潜。这时要同时向回缓缓提拉钓线，引导泥鳅钻向选定石缝、石洞或其他可隐藏鳜鱼的地方。若钓点隐藏有鳜鱼，它会在泥鳅贴近的瞬间吞食饵钩。当垂钓者感到竿有明显的向下拉拽的动作时，要及时用力提竿。提竿后，被钩住的鳜鱼一般会随着提竿动作，从隐藏处迅猛冲出，向深水逃窜。垂钓者对此要有所准备，若感到冲力来势很猛，应及时放线遛鱼，切不可生拉硬拽，以免断线。若泥鳅被引进石缝或石洞后未见鳜鱼咬钩，可提起饵钩稍改变位置，重新投出，引导泥鳅从另一个地方进入石缝或石洞。若在选定的钓点钓到一条鳜鱼，则应另选钓点垂钓。因为鳜鱼不合群，一般在一个石缝或洞穴中只潜伏一条。

（2）在看不见底的水域垂钓：

1）钓具：软调手竿，不需浮漂。

2）钓点：选择水草空隙处、水底有乱石堆或其他障碍物的地方作为钓点。

3）钓饵：用麦穗鱼、鳑鲏或青虾为饵。

4）钓技：先是垂直下钩，当饵钩到达水底后，要不时地上下轻轻提动，进行引逗。在引逗过程中，垂钓者若突然感到下拽力时，要用力提竿。若引逗半天不见咬钩，则要另选钓点。这种戏钓法，实际上是在不了解鳜鱼隐藏的具体位置的情况下，一种投石问路的钓法。若岸边没有水草，可以沿岸边走动边戏钓。

第十九节　鳗鲡的垂钓

1. 搜洞垂钓鳗鲡（图 5.40）。

（1）钓具：需要自制一种搜洞钓具，取一根 2 ~ 2.5 米长的竿，顶端固定一根用 40 厘米长、直径 1.2 ~ 1.5 毫米的不锈钢丝制成的探头。钓钩用不锈钢丝一头磨尖，弯成钩形，并带倒刺，钩的大小，同伊势尼 4 ~ 5 号钩，另一端弯成 90° 角，长 15 厘米，便于用铁丝把它和竹竿牢固连接。

图 5.40　鳗鲡

（2）钓点：垂钓时首先找洞，因鳗鱼喜欢在水质清澈的江河岸边石头洞穴里栖息，所以需搜洞钓鳗，要在江河的桥、坝、堰、涵洞附近有石头的地方，仔细寻找。发现岸边石头缝里有碗口大的圆洞，而且洞口光滑，可判定是鳗鱼的洞穴。

（3）钓饵：用青蚯蚓、小鱼、小虾均可。

（4）钓技：一旦发现鳗鲡的洞穴后，及时用穿上钓饵的探钩伸进洞里，上下抖动，引诱它上钩，上钩后拉得竿不断抖动，此时应顺着洞口，迅速把它拉出来。

2. 诱饵打窝钓鳗。

（1）钓具：选用轻质中调手竿，竿长 4.5 ~ 6.3 米为宜。钓线用直径 0.3 毫米的强力尼龙胶线，线长与钓竿等长或略长于钓竿。钓钩选稍大些的伊势尼 513 ~ 515 号钩即可，绑成单钩或双钩。用七星漂、小坠。

（2）钓点：应选在水体中较静的岔口、桥洞、河弯旁边，通大河的水沟、池塘的阴暗处。

（3）诱饵：垂钓鳗鲡的诱饵配方是将豆饼粉炒香，再将玉米粉（约 1/3 量）和芝麻少量同时炒香，同黄豆粉、小米粉各少量一起装罐，倒入适量曲酒，封存 1 ~ 2 天后，再用少量面粉及酒糟同煮成面糊，与上述原料和成黏度适中的饵料，即可使用。

还有一种配方是将麦麸炒熟，拌以羊油或鸡血。以羊油制成的诱饵，有羊肉强烈的膻味，诱鱼力极强。以鸡血制成的诱饵，鸡血的血腥味很重，又有鲜艳的红色，在窝子里很醒目，鱼儿通过嗅、视觉也很容易集中到窝子里来。

（4）钓饵：用蚯蚓、小鱼、小虾、摇蚊幼虫均可。

（5）钓技：将诱饵投入钓点，窝宜多打几个。打好窝后，将活饵投入水中沉底诱钓，垂钓者应不时将钓竿稍做移动，使钓饵随之微微移动，以引起鳗鱼注意。鳗鱼生性多疑，常常会吞入饵钩又吐出来，一般要经过几次反复之后，才把饵钩吞入。在鳗鱼吞吞吐吐之中，垂钓者应该当机立断，趁浮子升起，它未吐出饵钩的片刻，迅速地用腕力将钓竿向上一抖，把鱼嘴深深钩住，不让它吐钩出来。鳗鱼被钩住后，会用尾部向四周绞动，以缠绕住水中草蔓及其他水生植物，若有水草被绞住，它就会死命缠紧水草，使垂钓者拉不动竿，此时不可惊慌，更不可放松钓线，应紧紧拉住它，只要能坚持 1 ~ 2 分钟，鳗鱼的劲头就会慢慢消失，逐渐松弛下来。这时看准时机，突然起竿，可以一下子将它提上岸来。钓上鳗鱼以后，立即将它放在地上，用一只脚踩住它的头颈部位，它受压后就会翘起头，张开嘴，这样很容易把钩退下来，然后将它头朝下放入鱼护。

第二十节 淡水白鲳的垂钓

（1）钓具：钓白鲳（图 5.41）采用手竿、海竿、手把线均可。

图 5.41 淡水白鲳

1）手竿：宜选用超硬调竿，竿长以 3.6 ~ 4.5 米为好，太长易损竿且不方便取鱼。

2）海竿：宜选用 3.6 米以内长的硬调竿，因为钓这种鱼的钓竿要有较好的弹性，因而用中硬调竿比较合适。

钩型用伊势尼或袖形均可，一般用单钩。钓线的选择上，母线宜选用较粗些的，3 ~ 3.5 号的最好，子线宜采用细钢丝线或多股锦纶线，由于淡水白鲳有很锋利的牙齿，所以不能用透明的尼龙线，否则鱼上钩后，尼龙线会被咬断而跑鱼。铅坠用通心扁坠，宜轻不宜太重。浮漂应用信号感觉比较明显的立漂，木质和塑料的都可以。

图 5.42 淡水白鲳的好钓饵

（2）钓饵：淡水白鲳食性很广，动物性食物有蚯蚓、地蚕、菜虫、毛虫、蚱蜢、蝗虫、蟋蟀及各种小昆虫；植物性食物有玉米、豆饼、水果、麦面、麦麸及各种蔬菜。白鲳鱼是全水域杂食性鱼种，游速快，视力好，觅食往往是色当先，味次之。因此最好选用红色或黄色的面食及鲜嫩玉米粒（图 5.42）。用红色的虾则明显优于透明的虾。

（3）钓时：上午 8 ~ 11 时、下午 4 ~ 7 时是最佳垂钓时间。由于白鲳鱼是全水域鱼种，因此既可以底钓，又可以浮钓。

（4）钓技：

1）手竿钓：将钓饵抛至前方窝点的最远点，让它半悬浮着，水线长度选在水深的 2/3 处即可。若无鱼咬钩，则过些时间将钓钩移出窝点起竿再远抛，若见到立漂快速斜移或出现黑漂，便可立即扬竿。若在有 3 ~ 4 级的季风时垂钓，可将浮漂下移，使钓钩离水面近些，再将钓钩甩向上游的远处，让钓钩顺水顺风漂流，这样很能引起淡水白鲳的注意，并立即前来咬饵。如在鱼塘遇到较大的白鲳鱼时应立即改用海竿。

2）海竿钓：凡在水深 3 米以内的水域使用海竿时，最佳方式是挂漂，挂漂反应快。当第一反应出现为扬竿最佳时机，此时多数钩住唇边。收线时最常出现的情况是左冲右突，突然没了力量。有的钓友误认鱼已脱钩，其实是鱼朝钓者方向急逃所致。此时更应加速收线。

海竿钓出现的一种特殊情况是常常发生的断线不是在绑钩线，而是出现在连接绑钩线附近的主线上，这是遇到鱼群所致。白鲳鱼的特点是一鱼中钩，群鱼救之，是其他的鱼咬断了主线。为防止此类情况发生，解决的办法是在主线上连接一段 1.5 米以上长的较粗涤纶线，串坠后结一挡结，然后绑钩。

3）手把线钓：凡是抛投可及鱼群的地方用手把线是上佳之选。因手把线较粗，连接的涤纶线可更长，手感反应快，收线速度快。但需注意手上应有保护，以免被线割伤。

4）摘钩：凡 1 000 克以上的白鲳鱼上岸，钓者须用脚将其踩住，检查钩的部位。如挂在唇边可用手摘钩，若挂在口腔，须先用粗木棍塞入鱼嘴，迫其上下牙不能合拢，再用摘钩器取出钩。

第二十一节　虾的垂钓

通常垂钓的虾有青虾（图 5.43）和罗氏沼虾（图 5.44）两种。

图 5.43　青虾

图 5.44　罗氏沼虾

1．虾笼钓虾。

（1）L形虾笼：

1）钓具：用竹篾编制，竖筒长25厘米，横筒长15厘米，内径10厘米，入口倒须长5厘米，孔径2厘米，计有3个入口，竖筒两头的笼口是固定编制于筒上的，中间用套接方法编成一个整体，以便在笼中安装钓饵，横筒与竖筒的一半固定为一个整体，开口于竖筒内部，另一头由一个圆形篾盖盖住。篾盖可以随时揭开，是用一支竹签插住的，这是盛虾的处所，虾笼用一段红色的细塑料绳扣住两脚，然后拴到一根长长的绳上。

2）钓饵：主要为煮熟后烤黄的小面团，大小如麻雀蛋。安饵时，每只笼中可安装3个面团，都用竹签戳牢，固定于笼口里面3厘米处的正中，直对着笼口，使虾可从笼口外边看见。

3）钓技：虾笼钓法分陆上作业和水上作业两种。

陆上作业方法：以较粗的线绳作为缆绳，每隔2米扣一只虾笼，以10 ~ 15只虾笼为一组。一个人一般可以操作10 ~ 20组虾笼。虾笼中的钓饵面团，烤一次可以用5 ~ 6天。钓虾时间不受天气限制，白天黑夜均可作业。通常在夜间和正常天气下收获多，故钓虾多于傍晚下笼，第二天黎明收笼取虾。

水上作业方法：用小船装载着虾笼，一人摇船，一人施放虾笼，可以到大面积的江河湖泊和水库中去钓虾。一只船上多者可携带近千只虾笼，并且可以日夜连续作业，并不断地调换新的放笼地点，钓者只需适时收虾、运虾，调换部分新饵就行了。水上作业，选择作业场是重要一环。应选择有水草的浅滩，如果没有水草，则应尽量施放在沟坎浅水区。沼虾不像海洋中的对虾，每年都要进行产卵洄游。沼虾一旦寻到适宜的生活场所，就定居下来，冬季也在较深的水草根部越冬。选择好的垂钓点，就能增加收获量。

（2）竹篓形虾笼：

1）钓具：用竹编成的小篓钓虾，效果非常好。这种竹篓编得很别致，用细篾编成茅竹筒般粗的篓子，口大、底尖，篓口直径13厘米左右，篓长40厘米，有一种篓子的口不装倒须，而是用竹编成一个三角形、如钱眼大的进口，另一种口孔径2厘米，装倒须长6厘米，篓子底部用旧布塞住。

2）诱饵：狗、猪、羊、鸡、鸭、鹅的内脏等，这些东西都有强烈的腥味，也可以用炒香的麦麸或羊骨头块等作为诱饵。

3）钓饵：和诱饵一样，采用的是诱钓合一方法。

4）钓技：傍晚投放虾笼，一次放十几只篓子在池塘边的水中，间隔 1 米左右。次日清晨到池塘边捞起来，拔掉底部塞的布，把钻进篓里的虾倒出。

2．虾网钓虾。

（1）钓具：钓虾网的制法，用竹片制成十字交叉的框架，然后用纱布或塑料窗纱缝成四方形捞虾网，虾网各边长 50 厘米 ×50 厘米 ×10 厘米。再把虾网固定在框架上。在框架十字交叉的部位拴上一根 1 米多长的钓线，钓线上端拴一个泡沫塑料小方块，放在水中浮起，既作为记号又便于提网上岸。

（2）钓点：选择在河塘浅水有草或乱石处。

（3）诱饵：一是用黄豆粉、芝麻饼加少量面和酒糟混合制成的诱饵团，要求团状物能在水中保形 10 分钟左右，吸引虾进窝，效果很好。二是用麦麸 1 千克，用沸水烫一下（湿透即可），用塑料袋密封发酵 1 ~ 2 周，微酸即可，使用时加入面粉搓揉，确保能保形 10 分钟左右。三是用猪骨头或鸡、鸭的肠子作为诱饵。

（4）钓饵：采用诱钓合一法。

（5）钓技：使用这种钓虾网，网内的中部都拴一个小石块，既可使网沉入水底，又可在提网时中间形成一个凹槽，虾跑不出去。在网底中部拴上一根小线，做拴诱饵用，以防放网时诱饵漂起被冲走。投放虾网时，一次放十几个钓虾网，每个网之间相距 2 米左右，过 10 分钟左右提一次。提网的竿可用一根普通竹竿，一端缚上一个用粗铁丝弯成的钩子，对准钓虾网上的浮漂，把它捞出水面。提网时出水面以前要慢提，以免把网里的虾惊走，网出水面后要快提到岸边，以防网内虾跳出逃入水中，这样来回提网，不时检查诱饵是否脱落，随时补充。

3．手竿钓虾。

（1）钓具：秋季虾多，钓鱼爱好者可用 5 米左右的普通软钓竿，直径 0.2 毫米以下的细线，用大头针弯成长仅 3 毫米左右的小钓钩，钓线末端拴一个小坠，也不用漂，一根钓线上拴十几个小钩。

（2）钓点：水域有水草，或有乱石的地方，或是进出水口且有水草的地方，均是好钓点。

（3）诱饵：锅里倒一点菜油，再将麦麸倒入炒香后铲出，掺入 10%的面粉拌均匀。使用时，用垂钓水域之水调匀，干湿适度，捏团投放。

（4）钓饵：用细小的红蚯蚓、羊肉作为钓饵，如果将羊肉用酒浸两昼夜，效果更佳。

（5）钓技：垂钓时，将钩线抛到水里，把钓线放松，使钓钩都卧在水底，每隔 2~3 分钟提一次竿。因为钩小而锐利，虾吃食时，用螯夹住饵往嘴里送，就被钩住，这时轻轻往上提竿，虾就被钓上来，有时一次能钓上几只大青虾。待钓到的青虾离水面 2 ~ 3 厘米时，用抄网连同虾、钓食一起抄入网中。切忌把青虾拉出水面，因为青虾一到水面，马上就会发觉自己上当，就会松脱食物，随即逃走。所以，一定要用抄网在水面下捞取。这种钓法，多用十几根竿，轮流放钓，来回取虾。

4．浅水点钓虾。

（1）钓点：这是在浅水区域进行钓虾的一种技法。竿长 2 ~ 3 米，轻柔细竿，线长 1 米左右，无浮漂，钩后有小锡砣，最好制成朝天钩状，以便使饵凸出水底，易被虾发现。

（2）钓时：每到春末夏初，虾到浅水处觅食，可见它们在游动和爬行，这时是好钓时。

（3）钓点：浅水的草丛处。

（4）诱饵：麦麸 6 份、菜籽饼 3 份、炒蚕豆粉 1 份，加水调和即可。

（5）钓饵：一般取用半截蚯蚓或蛆虫、米饭粒。

（6）钓技：当看到虾在浅水处游动时，可拣个体大的，将钓饵轻轻放到其头前 5 ~ 10 厘米处，虾就会趋前用第一对螯足捧起啃食；如虾不动，是没发现饵，这时，需将钓饵轻轻提起，至离水底 5 ~ 10 厘米时再轻轻放下，以引起虾的注意。当虾注意到后，会立即上前，先用触须碰碰，再用第二对大长螯足摸摸，然后再爬行到饵前，用第一对螯足捧起食物，慢慢啃食，这时起竿，即可钓上。由于虾个体小、嘴嫩，要用钩尖十分犀利的小钩，提竿要轻，手腕一抖，慢慢提出水面。

第二十二节 龙虾的垂钓

1. 浅水点钓龙虾。龙虾（图 5.45）喜欢生活在浅水处，用点钓法来钓取，简单易行，而且趣味横生，但一定要讲究技巧，否则一不小心，虾就会跑了。

图 5.45 龙虾

（1）钓竿：钓竿的型号不限，既可以用手竿，也可以用海竿，还可以就近取材，用树枝或竹枝做一钓竿，竿长 2 ~ 3 米，轻柔细竿，线长 1 米左右，无浮漂，钩后有小锡砣，最好制成朝天钩状，以便使饵凸出水底，易被虾发现。

（2）钓时：春末至仲夏是最佳的垂钓时间。入秋后，龙虾会打洞繁殖，此时非常难钓，建议不要再钓，可以找洞挖虾。

（3）钓点：水域的浅水处或水草茂盛的地方均可作为钓点。

（4）诱饵：可用屠宰下脚料或鸡肠、鸭肠作为诱饵，也可在水草丛中的空地中撒一点炒香的麦麸作为诱饵。

图 5.46 点钓龙虾

（5）钓饵：和诱饵一样。也可用蚯蚓或蛆虫、米饭粒。

（6）钓技：这是在浅水区域进行钓虾的一种技法。每到春末夏初，龙虾到浅水处觅食，可见它们在游动和爬行，将钓饵轻轻放到其头前 5 ~ 10 厘米处，虾即会趋前用第一对螯足捧起啃食，这时起竿，即可钓上（图 5.46）。

2. 青蛙诱龙虾。1995 年 5 月，笔者还在华中农业大学读书，笔者女朋友的毕业论文就是关于龙虾的，为了探讨它在野外的天然食性，必须要到野外捕捉，当然了，这个光荣而艰巨的任务是一个纤弱的小女子无法完成的，作为护花使者的笔者就义无反顾地承担了这项崇高的“爱情使命”了。我们就采取的是用竹竿绑上青蛙诱钓的方法来钓龙虾，一天下来，提竿的手都酸了，但女朋友桶里的龙虾也渐渐地多了起来，在晚上全部解剖并分析完它们的食道和肠道后，剩下的虾肉全部……呵呵，那味道真是“热恋的感觉，酸酸的，甜甜的，美美的，也很累累的哟！”

（1）钓具：竹竿四五根，长 3 ~ 5 米。直径为 0.4 毫米的尼龙渔线，长 2 米，不用浮子和钩，每根钓竿扣线一根。轻型海网兜一只，海网兜绑在另一根竹竿上，竿长要与钓竿的长度相仿。

（2）钓时：以春末至仲夏是最佳的垂钓时间，在每天的早晨和傍晚进行垂钓效果最好。

（3）钓点：水域的浅水处、水草茂盛的地方、挺水植物多的地方等都是钓点。

（4）钓饵：用剥去皮的大青蛙，每根渔线上横扣半只，也可用 10 克左右重的土蛤蟆一只，剥去皮备用。

（5）钓技：龙虾主要生活在浅水区的水草和水生植物丛中，下钓投饵时，可把几支钓竿的钓饵，分别投入不同地点的水草丛中，距离不限，远近不分，饵投下后，将竿梢担在水草上，竿根搁在岸边。龙虾爱吃动物的尸体或内脏，当它们发现爱吃的蛙肉时，就纷纷前来聚餐。这时，钓者伸出海兜于竿梢旁，并轻轻地、慢悠悠地提起钓竿，将蛙饵往水面拎。而正在吃得津津有味的龙虾，是绝不会放松到口的美食的，它宁可让自己连同食物一起移动和上升。当钓饵接近水面，钓者发现龙虾咬着钓饵时，立即用海网兜伸入水下龙虾的下方，连虾、饵一齐兜到岸上来。切忌把龙虾拉出水面，因为龙虾一到水面，马上就会发觉自己上当，松脱食物，随即逃走。所以，一定要用海网兜在水面下捞取。这种钓法，多用十几根竿，轮流放钓，来回取虾。

3. 手竿钓龙虾。用手竿钓龙虾，对大多数钓友来说也许很新鲜，但效果很好，操作也很简便，这里就介绍一下笔者常用的技巧。

（1）钓具：长 5.4 米的软调手竿，用直径 0.2 毫米的细线作为钓线，线长 3 米左右，用大头针弯成仅 3 毫米左右的小钓钩，钓线末端拴一个小坠，不用漂。

（2）钓时：春末至仲夏是最佳的垂钓时间，在每天的早晨和傍晚进行垂钓效果最好。

（3）钓点：池塘或河流的浅水处、水草茂盛的地方、挺水植物多的地方等都是钓点。

（4）钓饵：用红蚯蚓或整条的大青蚯蚓作为钓饵，小钩从蚯蚓身上穿过，再用渔线从青蚯蚓的中部扣牢。

（5）钓技：一根钓线上拴十几个小钩，垂钓时，将钩线抛到水里，把钓线放松，使钓钩都卧在水底，每隔 2~3 分钟提一次竿。因为钩小而锐利，虾吃食时，用螯夹住饵往嘴里送，就被钩住，这时轻轻往上提竿，虾就被钓上来，有时一次能钓上好几只龙虾。

第二十三节　黄鳝的垂钓

1. 短竿钓黄鳝（图 5.47）。

（1）钓具：竿长 1 ~ 1.5 米，等长钓线，钓线直径 0.4 ~ 0.5 毫米，大号钩，不用漂、坠。

（2）钓饵：不需要用诱饵，直接用大的黑色蚯蚓作为钓饵。

（3）钓点：黄鳝洞口或石缝处。

（4）钓技：将钓具装上黑蚯蚓等钓饵，将饵钩置于黄鳝洞口或石缝处，逗引黄鳝，开始黄鳝因受惊立即缩入洞内，但当它闻到腥臭味后，又会伸出头来窥探，然后突然吞饵并缩入洞内。将竿一提，必得黄鳝。采用这种钓法可多准备几副短钓竿，分别下到几个黄鳝洞穴口，竿脚插入岸边的泥土中。当发现钓竿变位或者松弛的钓线绷紧时，说明黄鳝已吞下饵钩，这时可拉拽钓线，将黄鳝从洞穴内拉出。

图 5.47　黄鳝

2. 钢丝钩探钓黄鳝。

（1）钓具：用一根直径 1.2 ~ 1.5 毫米、长 0.5 米左右的钢丝，一端磨尖，再弯成中号钓钩大小，另一端弯成环形即可。

（2）钓饵：粗大的黑色蚯蚓，它会发出一股浓烈的腥臊气味。

（3）钓技：将整条黑蚯蚓穿钩上，然后对准寻找好的洞口或石缝探入，并轻轻搅动、进进退退，然后再往里探。如果黄鳝洞穴较深，要尽量往里探去，以引诱黄鳝前来吃钩。钓饵只要一送进洞穴中，黄鳝因灵敏的嗅觉马上就会嗅到蚯蚓的特殊气味，于是食欲大振，会游出一口将钩饵含进嘴里，随即就往洞穴里边拖。当手有拉拽感时，再向前推送一下钩饵，然后顺势转腕，让钩尖朝下钩住黄鳝下颌，随之将其慢慢拉出，若黄鳝较大，这时不要急于将它拉出，可先钩牢稳住，让其在里面扭动，当黄鳝力气耗尽，然后将其拖出。

3．蚯蚓团夜钓黄鳝。

（1）钓具：2 米左右长的钓竿，钓线用棉线即可，不用坠也不用浮漂。

（2）钓饵：以墨绿色大蚯蚓或黑色大蚯蚓为主。

（3）钓技：将准备好的棉线钓竿穿上墨绿色大蚯蚓，使蚯蚓在棉线的末端挤成一团。傍晚时，将穿好墨绿色大蚯蚓的 20 ~ 30 副钓竿一一插入黄鳝洞穴岸边，蚯蚓团抛在黄鳝洞穴的旁边。黄鳝晚上出洞觅食活跃，一口咬住，吞食蚯蚓团。钓者应准备好手电筒，每隔 10 分钟左右逐个检查一遍，可以看见黄鳝正在吞食蚯蚓。此时，应一手迅速提起钓竿，另一手拿笆篓接住，把黄鳝放入笆篓内。这种钓法，钓者要勤检查，如果时间长了，黄鳝就会弄断棉线逃之夭夭，或把蚯蚓团拖进洞穴中，就不容易把它拉出洞外了。

4．竹笼夜钓黄鳝。

（1）钓具：鳝笼呈“人”字形或“L”字形，由两节细竹丝编扎而成的笼子连接制成。每节竹笼长 30 厘米、直径 10 厘米。其中一节竹笼的一端有一个直径约 3 厘米的进口，只能供鳝进而不能出；另一端有一个同样大小的出口，与另一节竹笼连通。第二节竹笼顶端装有盖子，用于投放诱饵和取鱼。

（2）钓时：竹笼钓法是一种夜间捉黄鳝的方法，适宜春、夏、秋三季，冬季则不适用。

（3）钓饵：采用诱钓合一，主要用猪骨头、羊骨头和鸡、鸭内脏等。

（4）钓技：在 20 ~ 30 个竹笼中分别放入一些猪骨头、动物内脏，笼头盖好倒须，笼尾用绳拴牢。傍晚时，将竹笼逐一放于小溪、小河的岸边。黄鳝夜间觅食时，嗅到食物，便从笼头口往竹笼内钻，当它饱餐一顿后想走时，因笼头口有倒须便再也出不来了。次日凌晨收笼时，解开笼尾的绳子或取掉笼头的倒须，将黄鳝倒入竹笼内。

5. 荷塘“逗钓”黄鳝。

（1）钓具：一根罗汉竹的钓竿，长约 1.5 米，去掉竿尖部分只留近腰部有韧性部分，4 ~ 5 号线 2 米，中型钩 2 只，铅皮若干即可。

（2）钓时：大雨前后是垂钓良机，在大雨前气压低，气候闷热，黄鳝喜在水中杂草里，从草缝中露出鼻尖换气；大雨过后，黄鳝吃钩猛；晚上也是钓黄鳝的良机。

（3）钓饵：采用诱钓合一的方法，用大的黑色粗蚯蚓，效果最好。

（4）钓技：用粗蚯蚓上满钩，逗钓的蚯蚓要粗，上钩要满，可使黄鳝很快地寻味而来。蚯蚓要保持新鲜，不能在水中浸得过久，使之味淡，一般 2 ~ 3 条黄鳝就要换饵，在上饵时钩尖要露出少许。

“逗钓”关键就在“逗”中，钩放入草缝中后，上下提动或左右摆动，逗引黄鳝，但要注意摆动不可大，以免钩住水草，一旦拉动水草，黄鳝就会溜跑。在此逗过程中如果突然竿上有力，就是鱼上钩的表现。一旦发现，应马上扬竿，手腕用力一抖，就可将鱼挂牢。挂牢后，应用最短的时间将鱼拉上来，切不可松动，不然很容易跑鱼。

第二十四节　虹鳟的垂钓

北京的密云水库大坝下的溪翁庄镇利用水库水甘甜、低温的优势，开展了虹鳟（图 5.48）的养殖与垂钓活动，取得了非常好的效果。2004 年笔者在那儿钓了几次，每次都满载而归。

图 5.48　虹鳟

（1）钓具：冬季要用 3 米以下长软尖竿，线要细，一般 2 ~ 2.5 号即可，脑线可以与主线一样粗；钩 6 ~ 7 号伊势尼钩，钩大鱼难入嘴，不用漂，也不挂铃，除使用串钩外，还可用一种稍做改进的爆炸钩，一是尾钩线要长，不得少于 1.5 厘米，饵托四周的钩留 2 只加长 15 厘米外露，其余的钩埋进糟食里，外露的 2 只钩和尾钩挂蚯蚓或河虾。铅坠要配小铅坠，一般 15 克重即可。一副串钩拴上 4 ~ 6 只小钩，但要注意，最后一只钩一定要触底。

（2）钓点：严冬气温下降，虹鳟鱼喜群集于水底的深水低凹处和有障碍物的地方，这些地方就是不可多得的好钓点。

（3）诱饵：冬季气味在水中的扩散已大为减弱，所以使用浓香饵很重要。用酒泡小米或碎米混入糟食中使用，配方与制作：丁香 20 克、普通曲酒 500 克、小米或碎大米 400 克、麦麸 1 000 克、白糖 20 克、味精少许。将丁香装入曲酒瓶中，密封泡 10 天左右，使酒呈深棕色。小米或碎大米装入阔口容器距瓶口 3 厘米处，再倒进泡好的丁香酒，漫过小米 1 厘米，密封放置在阴凉的地方，一周后即可使用，浸泡的时间越长，效果越好。此诱饵色、香、味俱佳，而且经久不坏，随用随取，十分方便。糟食在冬季用于海竿钓虹鳟鱼，主要起诱鱼作用。

（4）钓饵：钓饵使用蚯蚓。一是海竿抛掷时，力量较大，蚯蚓不易脱钩；二是蚯蚓有万能饵之称，各种鱼类都爱吃。但在蚯蚓的选用上，还是很值得注意的，由于是小钩，又是冬钓，所以要选择稍微小一些的。蚯蚓太粗，容易滑脱；太小的又穿不上，或会断。另外，蚯蚓要穿整条的，穿整条蚯蚓的方法，仍然是留头露尾，头尾各露 0.5 厘米为好。

（5）投竿技巧：如一次使用两支抛竿，抛投落点要一前一后或一左一右。冬季虹鳟鱼都在水深处，尤其是养鱼塘多呈锅底状，中心低、四周略高，因此若是用一两根抛竿，只需往塘中间抛投即可；若是抛竿多，则可以抛成扇面或“W”状。

（6）钓技：钓竿入水后，每隔 15 分钟无鱼咬钩，就要换点重抛，远近左右不断地寻找鱼窝，只有不断探寻才可能有收获，在一个落点上了鱼，就应继续将钓饵投向这个落点，注意尽量投准，定会有好收获。由于冬天虹鳟鱼动作小、咬钩轻，因此，只要看见竿尖稍往前弯，就可判定是虹鳟鱼咬钩，即可提竿。因为小钩细线，加上细小的竿尖，钓竿反应是很灵敏的，其灵敏度与手竿传统钓的浮漂反应不相上下。在中鱼后将竿后扬，把鱼钩牢；然后钓手后退几步，缓慢收线，并逐步将竿向前平伸，这样收线就不会造成缠绕。

第二十五节 鳑鲏的垂钓

“麻雀虽小，五脏俱全”——鳑鲏（图5.49）虽然小，不起眼，经济价值也不是太高，但是它的味道却很好，而且它基本上都是野生的，故现在有许多钓友对垂钓鳑鲏非常感兴趣，往往也有好的钓获量，回家就着雪里蕻，一杯小酒，也是非常滋润的小日子。

图 5.49 鳑鲏

1．短竿甩钓鳑鲏。

（1）钓具：钓竿用 1.2 ~ 1.5 米长的独根竹竿，竿梢要软，弹性要好，竿端要粗些，以便于手握；钓线要细，可用直径为 0.08 ~ 0.1 毫米的尼龙线，钓钩用最小号钩，去其倒刺，以便于脱钩，不用浮漂和坠子。

（2）诱饵：可用蝇蛆、炒香麦麸、米糠等，开始多撒些，过几分钟再撒，这样，过十几分钟后，鳑鲏即群集于钓点水面，上下蹿动抢食。

（3）钓饵：以蝇蛆最好，它在水面上蠕动，引鱼效果极佳。

（4）钓点：最适宜选择流水口、农家洗衣淘米的码头、耕牛休息饮水的地方。

（5）钓技：主要适用于静水，这种钓法的关键是打窝子。将诱饵撒向水域，钓者应抓紧时间下钓，钓钩不用倒刺，也不必上钓饵，将钓钩甩向前方水域，由于水域中鳑鲏极多，它们抢钩迅速。钓者甩钩后，稍停 1 ~ 2 秒，立即提竿后扬，便可把鳑鲏甩至岸上。

2．手竿“逗钓”鳑鲏。

（1）钓具：鱼竿宜用软调的碳素手竿，竿长 6.3 米。渔线宜用 0.1 ~ 0.15 号的，线长 4 米。鱼钩要小，5 号伊势尼钩即可。浮漂宜用七星浮漂，3 颗在水里，1 颗在水表，3 颗平躺于水面，坠子宜用粗保险丝为好，将它锤平、锤薄，剪成长方形，裹紧于渔线上。

（2）诱饵：要具有香、甜、色、散等几个特点，才能把鳑鲏诱引到窝子里来“进餐”，而且久留不游走。宜用细米糠、麦麸。事前将两者分别放到锅里，滴几滴菜油炒至散发香味，起锅备用。这些诱饵入水后，能在水的上、中层停留较长的时间，易把游在水域中的鳑鲏诱留在那里。

（3）钓饵：摇蚊幼虫、蚯蚓、蚕豆粉、米饭粒等均可。摇蚊幼虫具有腥味浓、色红、蠕动等特点，是首选钓饵。

（4）钓技：初春、冬季因气温、水温较低，水域中的鳑鲏很少活动，这时可以采用引逗方法，即把钓钩放入水中后，稍微提起、放下，再提起、再放下，反复几次，使“死饵”变成“活饵”，引起鱼的食欲，逗鱼上钩。

第二十六节　麦穗鱼的垂钓

（1）钓具：手竿钓麦穗鱼（图 5.50）采用竹竿、玻璃钢竿、碳素竿均可，长度以 5 ~ 6 米为宜，对于较宽阔的水域，可用 8 ~ 9 米的长竿。在水草稀少的水域，宜用软竿，可增加垂钓乐趣。而在水草丛生之处，宜用硬竿，以便较快地将麦穗鱼提出水面，避免挂住水草。钩要小，线要细。钓麦穗钩以伊势尼 4 号钩为好。钓线要细，一般来说钓麦穗鱼用线越细越好。麦穗鱼咬钩动作轻微，为使反应灵敏，宜选配细漂或小漂。为使浮漂在水中增加稳定性和灵敏度，通常在深水用长漂，浅水用短漂；近处用细漂，远处用粗漂。

图 5.50　麦穗鱼

（2）诱饵：用菜籽饼粉、玉米粉、麦麸等作为诱饵原料。将它们放在锅里炒一下，炒到略发黄即可，最好放入几滴香精，到了垂钓水域后，用水域中的水拌和几下，待拌到略湿后即可撒到水中作为诱饵。

（3）钓饵：可用蚯蚓、摇蚊幼虫等作为钓饵。

（4）钓技：把手竿轻轻放入预定水域后，就可以静观漂相了。提竿的最佳时机，应当是麦穗鱼将钓饵吸入口中，尚未吐出之时，这时提竿，必定十拿九稳。当浮漂呈现顶漂、横漂、黑漂、拖漂等现象时，如果钓者未及时提竿，浮漂很快又恢复原状，这说明钓饵已离开了鱼嘴，此时不能再提竿。如果钓饵未被吃掉，麦穗鱼会再次将钓饵吸入口中，钓者应集中精力耐心等待，待再次出现吞钩信号时再提竿。如较长时间浮漂再无反应，说明钓饵已严重破损或不复存在，就需要提竿换饵了。

一般来说，对于麦穗鱼咬钩，提竿的最佳时机有四：一是顶漂，浮漂徐徐上升，在上升的过程中提竿；二是横漂，浮漂横卧水面时提竿；三是拖漂，浮漂在斜向徐徐运动时提竿；四是黑漂，在浮漂没于水面时提竿。

第二十七节　长吻鮠的垂钓

拟饵，是模仿小鱼在水中的游动动作来引诱长吻鮠（图 5.51）上钩。由于用拟饵钓长吻鮠使用方便，效果也好，故是目前流行的一种钓长吻鮠的方法。

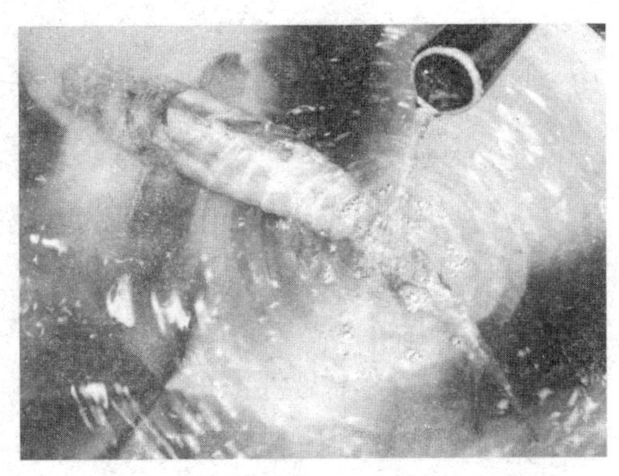

图 5.51　长吻鮠

（1）钓具：使用 2.4 ~ 3.0 米长海竿，尤以 2.7 米为最佳，用直径 0.45 毫米尼龙线作为脑线，直径 0.6 毫米尼龙线作为主线，配用中号绕线轮，储线量 80 米左右，使用 30 克重的铅坠。

（2）钓时：每年的 4 ~ 11 月均可垂钓，尤以 8 ~ 9 月是垂钓的黄金时期。

（3）钓点：在浅滩与深潭的交汇处、在近岸处有障碍物阻挡水流的地方等都是钓长吻鮠的好钓点。

（4）拟饵：拟饵多为鱼形、匙形和转子形。因垂钓者摇轮收线时，拟饵在水中做摇摆或转体动作，似活鱼游动一般，所以对长吻鮠极有诱惑力。

（5）钓技：钓友手持海竿，将拟饵投向可能有长吻鮠潜伏的钓点，拟饵入水后，即可摇轮收线，要注意不要过猛，使拟饵始终保持在水体中、上层游动，拖拉速度同小鱼在水中游速相当。当拟饵在水中游动时，潜藏的长吻鮠误以为是真鱼在活动，即会猛扑过来咬钩，这时有鱼抢钩手感很强，可收线得鱼。将鱼收到近岸处时收线要平稳，宁慢勿快。

第二十八节　匙吻鲟的垂钓

图 5.52　匙吻鲟

（1）钓具：钓匙吻鲟（图 5.52）的钓竿用“三七”调性的硬手竿，子线选 0.6 ~ 0.8 号，主线选 1 ~ 1.2 号，可选用中号的长身长尾的巴尔杉木浮漂，钩用关东型 2 ~ 3 号。

（2）钓时：一年四季均可垂钓，尤以每年 3 ~ 6 月的产卵季节最好钓。

（3）诱饵：可用鱼粉、虾粉、菜饼等拌匀后加入养殖场的水，拌湿后撒饵。

（4）钓饵：可用香甜的粉饵，做成糟食来垂钓。如果有现在的“草莓香”和“速攻”这两款价廉物美的鲢鱼饵，也可以用来垂钓匙吻鲟，效果不错。

（5）钓技：匙吻鲟吃钩的动作表现在鱼漂上是轻轻地一点一拉，最多的信号是上下缓慢起伏不足浮漂的 1/3，这是匙吻鲟在钩附近吸食雾状粉饵引起水压水流的变化所造成的。钓者必须耐住性子，等待下一步小幅度但有点力度的下拉信号即钓饵真正入口的一刹那再果断提竿才能钓中鱼。

悬坠钓匙吻鲟，既可底钓也可离底或浮钓。底钓法的中钩率达到 90%，跑鱼较少。浮钓法的吃钩信号就稍大，但中钩率都不高，至多只有 60% ~ 70%。

第二十九节 花鲭的垂钓

1. 早春串钩钓花鲭（图 5.53）。

图 5.53 花鲭

（1）钓具：用 2.7 米长软调海竿，轴承旋压式绕线轮，直径不超过 0.3 毫米的优质软钓线。串钩要短，拴 3 只钩即可，钩一般用 3 号白狐钩，用直径 0.24 毫米的软脑线拴钩，脑线与主线之间最好用“8”字连接环连接。坠重 30 克，坠与第一钩之间距离最长不超过 30 厘米，第一钩脑线长 5 厘米，第二钩脑线长 10 厘米，第三钩脑线长 15 厘米。串钩拴好后，钩与钩之间互不接触，垂钓时 3 只钩都几乎触底。

（2）诱饵：以腥香为主、甜为辅，可用玉米粉、甘薯煮熟后，加入几滴有腥味的香精，搅拌均匀投入预定的钓点即可。也可用新鲜豌豆、新鲜嫩玉米和嫩茭白，将它们放在一起磨成浆状液体，再加入麦麸粉末和匀，捏成团块，入水打窝。它带有几种原料本来的清香气味，对花鲭的引诱效果很好。

（3）钓饵：用大平二号红蚯蚓，用细不用粗，穿到钩的 3/4 处，钩尖不外露。用摇蚊幼虫也可，只是挂钩比较麻烦。

（4）钓点：要选在水深 1 米以上的地方，水底是沙石质、乱石或沟沟洼洼的地方上鱼量高，泥底次之。

（5）钓时：每天早上和傍晚最适宜垂钓。

（6）钓技：垂钓时要尽量把钩饵投向远处，待坠到底时收紧渔线，竿保持 45° 角慢慢摇轮收线，速度为每分钟 2 ~ 3 米，在收线的过程中如感觉钓线有拖拉感，就可扬竿，多是花鲭上钩，有时也有鲫鱼上钩。如钓不中鱼，也不要收线，绷紧线等几分钟，如果周围有鱼，时间不长就咬钩。在某一钓点连续钓上几条鱼时，就把其余的竿以上鱼点为中心，前后左右地投竿布阵。投竿要准，前后竿要错开，防止搭线。咬钩时海竿反应不太明显，要把渔线绷紧，用体积小的铜铃，夹在钓线上，只要鱼咬钩，钓线一动，小铜铃就“丁零”一声，声音非常清脆。

2．河虾钓花鳕。

（1）钓具：手竿长 5 ～ 8 米为宜，但必须是软梢，主线比竿长出 3 米左右。主线直径 0.4 毫米，脑线直径 0.3 毫米。可一坠双钩，一长一短，钩距坠 8 ～ 10 厘米。多使用七星漂，钩最好用短把钩。常用伊势尼 8 ～ 9 号钩。坠可用比漂稍重一些的死坠。

（2）钓季：一年四季均可垂钓，尤其是夏末秋初。

（3）钓点：适于水面开阔、水域较浅、水草稀少的水域。到达钓场后，先是看看水情，然后选择离岸边较远的稀疏的水草边、水草缝或池塘中央有乱树枝的地方下钩，这些地方特别棒。

（4）诱饵：取 3 ～ 4 厘米见方的豆饼两块，从中间钻通用水浸泡 3 ～ 5 小时使其膨胀，以便在打窝时能较快地把鱼诱过来。用时分别用铁丝将其绑在石头上，抛在钓位区域内。

（5）钓饵：可使用蚯蚓、油葫芦、河虾等动物性钓饵。河虾的来源是当场捕捞，用尼龙纱窗自制或购买虾网均可，网内放些骨头和青草，抛在有水草的浅水区，几分钟就可获得灰白色肥大的河虾，随用随取，既方便又干净。取大小适中的河虾去头，用小剪将尾部的“尖刺”去掉，从虾的尾部将钩穿至“头部”，再用手试一下钩尖，稍有刺感即可。

（6）钓技：用虾钓花鳕主要是鉴别漂的微妙变化，一般深水区小鱼不多，如见漂忽上忽下，或一下将漂送上一格，抑或沉下一格然后就一下也不动了，通常是小鱼在吃虾的边，咬不上口，所以对虾饵不会有损失，不影响花鳕上钩。反映到漂的特点是：漂总是或上或下稳稳地抖几次，然后慢慢上送或缓缓扎入水中，此时应及时扬竿。

第三十节　观赏鱼的垂钓

人们的生活水平提高了，观赏鱼不再是单纯地欣赏了，一些养殖场和公园的经营者，把一些花色、形体不美观的观赏鱼用于垂钓，满足人们的兴趣，效果很好，现在常用于垂钓的观赏鱼主要是锦鲤和一些金鱼。笔者就曾在北京的朝阳公园、中山公园等地垂钓小锦鲤和金鱼，也曾多次在北京的黑庄户等地垂钓大型锦鲤，至今记忆犹新（图 5.54）。

图 5.54 观赏鱼

1．在北京钓锦鲤激情犹在。笔者在《中国观赏鱼》杂志社做副主编时，和锦鲤等观赏鱼打交道比较多，当时也只是认为锦鲤是供观赏的，供玩的，后来得知锦鲤也可以用来吃，用来垂钓，感到非常有趣。“近水楼台先得月”嘛，就陆续爱上锦鲤的垂钓了。记得 2002 年的 5 月长假期间，笔者就在友人的陪同下，到一养殖场钓了观赏鱼，经过半天的奋战，共擒获了金鱼 23 尾、小锦鲤 12 尾、大锦鲤 4 尾，最大的一尾重达 1 560 克。

（1）钓组：手竿用 4.5 米以上长的硬调竿，海竿也可以用，主要是易于操作，遛鱼极为方便，比较实用。钓线应选用拉力强的渔线，主线以直径大于 0.4 毫米的花线为宜，而脑线以直径大于 0.3 毫米的花线为宜。如用串钩或单钩时，以伊势尼 7 ~ 10 号钩为宜。若用集团钩或集束式炸弹钩，则以 5 ~ 7 号伊势尼圆底短柄钩为好。铅坠重量 20 克，以扁平梯形、拽拉时能离开水底的为佳。

（2）钓点：最好选择在进出水口或投食点附近。

（3）诱饵和做窝：诱饵最好用喂鱼的颗粒饲料。可根据地形，每隔 10 ~ 15 米做一窝，共选定 3 ~ 5 个钓点投下诱饵，并在岸边做上标记，轮流施钓。

（4）钓饵：观赏鱼的食性较杂，荤素都吃。可用蚯蚓、螺蛳、小虾、水丝蚓和颗粒饲料等作为钓饵。春、秋季水温低，用摇蚊幼虫、蚯蚓较好；水温高的夏季，则以香甜饵最佳；在一些水库河流中，用小虾或虾仁钓鲤鱼，有时会取得非常好的效果。

（5）钓技：观赏鱼遇到食饵后不是马上咬钩，而是先用头拱、嘴唇碰、身子触及，若鱼饵对口味才咬钩。反映在浮漂上是先上下沉浮几下，然后突然沉没水中，渔线被鱼拖走。送漂的情况较少，偶尔还有漂子在水面转圈圈的现象。如果钓的是小金鱼可直接提竿，即可得鱼。如果是钓上大的锦鲤，尤其是 2 000 克左右的锦鲤，要把竿子斜着拉紧（斜度为60°左右），然后慢慢顺着鱼的劲遛鱼，一定要沉着镇静，慢慢把鱼遛到水边，尽量用抄网抄鱼。

2．春钓观赏鱼有技巧。在春暖花开的季节，赏赏风景、钓钓观赏鱼是非常惬意的一件事。春钓观赏鱼应注意以下几点：

（1）气候：根据笔者的个人经验，春季刮3级以下的东南风、西南风的晴朗天气里，水温较高，氧气充足，观赏鱼觅食活跃，胃口大开，活动范围大，是非常好钓的。

（2）钓具：选用4.5米长的硬调碳素鱼竿或其他韧性好的鱼竿，钓线长7米左右，浮漂选用3～4号的孔雀翎或巴尔杉木材质的实心尾漂最好，这种漂浮力适中，又能正确反映出渔讯，既适用于钓大鱼也适用于钓小鱼，是一种很好的组合搭配。鱼钩应选用无倒刺的8～9号伊豆钩。

（3）钓点：钓点应选在水深1～1.5米向阳、背风、有草的水湾、河道进出口的洄水缓流处、木桩和乱石旁等地点。春季在水面较小的坑塘中，观赏鱼还有沿着塘边巡游的习性，因此池边也是好的钓点。

（4）诱饵：钓观赏鱼的诱饵以甘薯、发酵的混合饲料为主，也可用菜籽饼、颗粒饲料、米饭和啤酒糟等打窝。

（5）钓饵：早春以线虫、小虾、螺蛳肉为宜，暮春以米饭粒为好。

（6）钓技：早春、仲春季节，应以“逗漂”钓法为主，即把钓饵甩出后，斜侧向两边徐徐拉漂，拉动的幅度向左或向右几厘米，停顿一会儿，待漂不动了，再拉动，连续几次。漂拉动的时候，钓饵在水里移动，像“活食”一样，引鱼注目，逗鱼上钩。到了暮春季节，应采用平时的钓法，宜钓浅水，若气温下降，浅水的水温很低，就要在深水处下钓。锦鲤咬钩的动作很轻微，浮漂的反应是微动，只要浮漂下沉，即是提竿的良机。

3．巧用双钩钓观赏鱼。双钩钓观赏鱼的一个趣处就是有时会同时上两尾鱼，或是两尾金鱼或是两尾锦鲤，有时也有一大一小的锦鲤和金鱼同时上钩，特别逗人，这种情况主要发生在密度较大的观赏鱼养殖池里。在2005年的6月，北京中山公园举办了观赏鱼评比暨展览会，当时《中国观赏鱼》杂志社就是主办单位之一，在展览室外就有一个喷泉池，当时不喷泉了，就养鱼了，承包给个人搞观赏鱼的垂钓，10分钟一次，收费10元，钓的鱼自己拿走，还有钓不到的，可以买，5毛钱一条，前来玩的大人、孩子可真多。我的孩子也要玩，我就在工作之余陪他潇洒了 30 元，嘿，这小子还真争气，一会儿工夫就钓上了好几条，大约钓到 15 分钟的时候，儿子惊叫了一声，原来他钓上了一条小金鱼，金鱼的尾巴上还挂着一条金鱼！

（1）钓季：一年四季均可垂钓，尤以秋季最佳。

（2）钓具：钓具组合用长竿、粗线、大钩，竿长 7.2 米，钓线用 2 号线，钩用伊豆 9 号钩，漂用七星漂，3 粒入水，3 粒在水上，1 粒正好压水。

（3）诱饵：可用颗粒饲料来做窝。

（4）钓饵：用麦麸 200 克、小麦面粉 75 克、商品钓鲤鱼香精半袋，一起倒入盆中拌匀，再加入适量的纯净水后反复搓揉，使面团的弹性和韧性达到最佳状态，其软硬程度适中而稍偏硬，然后将面团放入双层塑料袋中扎口备用。

（5）钓点：可选择有浑水的地方下钩，钓者最好选择 1 年以上未干过、水深在 1 米以上、水色呈微浑或较浑的水塘作为钓场，且选准钓点进行底钓。

（6）双钩钓：双钩是指将脑线等长（约 10 厘米）的双钩均挂钓饵中施钓。这样，钓饵沉入钓点后基本靠在一块，目标大、气味浓、诱鱼快、鱼咬钩欢。

（7）钓技：首先用当日自己配制的面饵搓坨挂钩直接进行底钓。垂钓时，每次取红枣样大一坨面饵，将整只钓钩包住，呈枣核形（不露钩尖），再轻轻投入钓点垂钓。观赏鱼在咬钩时会黑漂，3 秒后再抖腕提竿，即让其将钩饵“吞牢”后再提竿，防止鱼脱钩。

参考文献

[1] 刘铭昌．钓鱼技艺．北京：金盾出版社，2000.

[2] 蒋青海．钓鱼方法大全．南京：江苏科学技术出版社，2001.

[3] 谭佛航，关新铭．野钓百技．北京：人民体育出版社，2000.

[4] 江一真．钓鱼指南系列．北京：学苑出版社，1991.

[5] 凌熙和，潘秋芬．休闲垂钓．北京：农村读物出版社，2000.

[6] 占家智．淡水鱼垂钓必杀技．合肥：安徽科学技术出版社，2003.

[7] 占家智．钓鱼绝招 400 例．北京：中国农业出版社，2007.

[8] 沈凡．台湾钓鱼技艺．北京：金盾出版社，2003.

[9] 谭佛航．钓饵与钓点．北京：人民体育出版社，1998.

[10] 左天，江海川．垂钓真经．北京：人民体育出版社，2005.

[11] 李基洪，李宇丹，周文平，等．钓鱼技术问答．上海：上海科学技术出版社，1997.

[12] 张世才．钓鱼高手经验谈．成都：四川科学技术出版社，2001.

[13] 凌熙和．垂钓诀窍．北京：中国农业出版社，1995.

[14] 李基洪．垂钓实用手册．上海：上海科学技术出版社，2002.

[15] 张喜良，田学祥，施展．新编垂钓技巧．合肥：安徽科学技术出版社，2002.

[16] 王吉桥，赵玉宝．游钓与观赏渔业．北京：中国农业出版社，2002.

[17] 江一真．海水钓法．北京：学苑出版社，1991.

[18] 王长工．垂钓手册．上海：上海科学技术出版社，1995.

[19] 吴延明．钓鱼与捕鱼．北京：金盾出版社，1988.

[20] 宿聚生．钓鱼实战技法．沈阳：辽宁人民出版社，2001.

[21] 萧林．北京钓鱼指南．北京：测绘出版社，1995.

[22] 李嘉亮．台湾钓技大全．台湾户外生活图书股份有限公司，1987.

[23] 林志修译．夜间的海钓．台湾王家出版社，1985.

[24] 朱畅敏．钓鱼技术．香港万里书店，1985.

[25] 李嘉亮．钓鱼综合百科．台湾户外生活图书股份有限公司，1980.

[26] 钓朋编委会．四季钓鱼法．香港新风文化事业公司，1980.

[27] 李嘉亮．池钓钓技专科．台湾户外生活图书股份有限公司，1987.
[28] 李嘉亮．水库野塘钓入门．台湾户外生活图书股份有限公司，1986.